Margaretha Kopeinig – Vertrauen

# VERTRAUEN

Wie Politik, Gesellschaft und
Wirtschaft der Pandemie begegnen
Aufgezeichnet von Margaretha Kopeinig

# Inhaltsverzeichnis

Einleitung
# Was ist passiert?

Die Corona-Jahre verändern derzeit den Blick darauf, was wir als Normalität wahrnehmen. Doch das Erwachen muss nicht zwangsläufig ein böses sein.

Die Bürger:innen haben mit den Erfahrungen der Pandemie eine gewaltige Abenteuerreise unternommen: raus aus der Naivität, aus Stabilität und trügerischer Sicherheit, rein in die Wirklichkeit – und in die Erkenntnis, dass es so etwas wie immerwährende Sicherheit und bequeme Gewohnheiten nicht gibt. Wir müssen uns die Realität, ob wir wollen oder nicht, wieder stärker zumuten. Wir werden mit Corona leben müssen, das Virus wird Teil unseres Alltags werden, sagen uns Expert:innen und Krisenmanager:innen aus dem Bereich der Politik.

Aus den gewonnenen Erfahrungen lässt sich etwas machen, wenn wir nur wollen. Es ist interessant, wie Corona nicht nur die Gesellschaft gespalten hat, sondern auch die politische Elite: in jene, denen man vertraut, und andere, die an Glaubwürdigkeit eingebüßt haben. Wer offen und direkt Entscheidungen, Maßnahmen und Einschränkungen kommunizierte und dabei auch gegen den Mainstream handelte, konnte in der Öffentlichkeit und unter den Wähler:innen punkten. So wurde der Wiener Weg im Kampf gegen die Pandemie – im Vergleich mit der Bundesregierung – von der Bevölkerung weitgehend akzeptiert. Das Krisenmanagement von Bürgermeister Michael Ludwig und innovative Entdeckungen wie der Corona-Test „Alles gurgelt" wurden international beachtet und anerkannt.

Zur Corona-Realität gehört aber auch, Phänomene zu betrachten, die durch die Pandemie deutlich sichtbar gewor-

8

den sind. Dazu gehört, dass sich Impfbefürworter:innen und Impfgegner:innen feindlich gegenüberstehen, dass Wissenschaftsskepsis wächst, Fakten keinen Wert mehr haben, die politische Auseinandersetzung rauer geworden ist, Kompromisse als faul betrachtet werden und das demokratische System in Zweifel gezogen wird. Auch die Zahl Rechtsextremer darf nicht unterschätzt werden. All diese Aspekte werden im vorliegenden Buch aufgezeigt und analysiert.

Gespräche mit Mediziner:innen, Wissenschaftler:innen verschiedener Fachrichtungen, Ökonom:innen, Vertreter:innen der Wirtschaft und mit Michael Ludwig tragen dazu bei, das konsequente Handeln Wiens, die Auswirkungen der Pandemie auf bestimmte Bereiche und politische Herausforderungen besser zu verstehen.

Offen gelegt hat die Corona-Krise auch soziale Verwerfungen, wirtschaftliche Einbrüche und globale Lieferkettenprobleme. Eine Wahrnehmung eint sehr viele Menschen: dass die Armen noch ärmer, die Schwachen schwächer und die Reichen noch reicher geworden sind. Ungewissheit über die Zukunft macht sich in nahezu allen Gesellschaftsschichten breit. Zusätzlich bestimmen Klimakatastrophen und der Krieg in der Ukraine unser Denken und machen Angst. Nicht nur die Homeschooling- und Distance-Learning-Generation hofft, dass es wieder ein Zurück in den gewohnten und vertrauten Schulalltag gibt. Alle wollen Gewissheiten zurück.

Aber – und das muss auch gesagt werden – die Pandemie hat ebenso Solidarität und Zusammenhalt in den Fokus gerückt. „Lassen wir nicht zu, dass Risse weiter aufgerissen werden, denn der Kitt, der uns zusammenhält, ist Solidarität mit den Schwächeren und die Nächstenliebe", lautet eine der Botschaften Michael Ludwigs.

Die Bewältigung der Corona-Krise wäre wohl besser verlaufen, hätte es eine einheitliche, österreichweite Strategie gegen die Seuche gegeben. Das wäre nicht nur effektiver gewesen, sondern hätte auch die Bereitschaft in der Bevölkerung erhöht, die Maßnahmen mitzutragen. Bestenfalls am Beginn der Pandemie war eine gemeinsame Strategie erkennbar, in der Folge nicht mehr. Bund und Länder drifteten auseinander. Dabei verfolgte Wien seinen eigenen Kurs, einen härteren, einen konsequenteren und einen transparenteren.

Dieser Kurs gestaltete sich nicht individualistisch-selbstbezogen, wie ihn die ehemalige Spitze der türkis-grünen Bundesregierung praktizierte, sondern gestaltete sich verantwortungsvoll auf Basis wissenschaftlicher Erkenntnisse. Die Gesundheit der Bürger:innen, die Sicherheit der Menschen sowie das Funktionieren der Stadt mit den Einrichtungen der öffentlichen Daseinsvorsorge waren die Prämissen der Politik. In der Corona-Krise konnten wir alle die Erfahrung machen, wie sicher man sich fühlt, wenn U-Bahn, Straßenbahn und Busse trotz allem pünktlich fahren, der Müll entsorgt wird, das Licht in der Wohnung brennt und warmes Wasser aus dem Hahn kommt, die Grundversorgung in der öffentlichen Hand liegt.

Als Lehre aus der Pandemie bleibt, dass es zentral ist, das Vertrauen der Menschen in die Politik, in das demokratische System wieder herzustellen. Landesweit. Laut Expert:innen der

Wiener Universität und dem Austrian Corona Project Panel hat die Bundespolitik, wie sich anhand mehrerer Umfragen bei einem gleichbleibenden Bevölkerungssegment zeigt, Vertrauen eingebüßt durch einen Zick-Zack-Kurs der Maßnahmen oder auch durch das Übernehmen inadäquater Rollen, indem von politischem Personal medizinische Aussagen getätigt oder die Pandemie schlicht für beendet erklärt wurde.

Die Krise hat die Rolle akademischer Expert:innen neu beleuchtet: In der Pandemie fand sich die Wissenschaft in der Arena der politischen Entscheidungen wieder.

Drei Jahre Corona haben Extreme deutlich sichtbar gemacht: Misstrauen gegenüber der Demokratie, Glauben an Verschwörungstheorien, Skepsis gegenüber Fakten, rechtsradikale Strömungen und steigenden Antisemitismus.

Bei einem unserer Gespräche sagte Michael Ludwig, dass die Corona-Krise dafür genützt werden sollte, um darüber nachzudenken, „welche Vorstellungen von Individualität, Gesellschaft, Fürsorge, Solidarität es bräuchte, um künftig multiple Krisen zu vermeiden." Wir alle haben es in der Hand: „Das sollten wir als Lehre mitnehmen: Gesellschaft ist gestaltbar und im Globalen gestaltungsbedürftiger denn je."

# Teil 1
# Brennglas Pandemie

Das Vertrauen der Bürger:innen ist das wichtigste Kapital in der Politik. Dieses Vertrauen ist während der Corona-Krise fragil geworden. Wie unter einem Brennglas hat die Pandemie gezeigt, von welcher Bedeutung das Vertrauen in Politik, Wissenschaft und in einen offenen gesellschaftlichen Diskurs ist.

Keine Frage, das Vertrauen in die Bundesregierung und in die öffentliche Debatte hat in der Pandemie gelitten. Um es zurückzugewinnen, muss Österreich ein offenes, transparentes Krisenmanagement, mehr Kontroversen und eine engere Zusammenarbeit mit der Wissenschaft wagen. Dass es geht, zeigt das Beispiel Wien anhand der Politik und des Krisenmanagements von Bürgermeister Michael Ludwig. Mit härteren Corona-Maßnahmen als im Rest Österreichs hat er an Vertrauen gewonnen. Eine transparente Kommunikation hat wesentlich dazu beigetragen.

Risse hat in der Pandemie auch das politische System bekommen. Rechtsextreme gewinnen an Zulauf. Eine Allianz aus radikalen Gruppierungen, militanten Impfgegner:innen, Wissenschaftsskeptiker:innen und Anhänger:innen von Verschwörungstheorien setzen die Demokratie unter Druck. Das sind strukturelle Probleme, die für das steigende Misstrauen gegenüber der Politik mitverantwortlich sind.

# Vertrauen, die harte Währung der Politik

Sie ist allgegenwärtig: die Wahrnehmung von dem Verlust des Vertrauens in die demokratischen Institutionen und ihre politischen Akteur:innen. Kaum ein Ereignis, kaum eine Entwicklung hat in den vergangenen Jahren das Vertrauen in die regierenden Politiker:innen dermaßen beeinträchtigt wie die Corona-Pandemie und die notwendigen sie begleitenden Gesundheitsmaßnahmen. So haben Vorkommnisse in der nahen Vergangenheit, wie zum Beispiel die Finanz- und Wirtschaftskrise und ihre sozialen Folgen ab 2008, das Misstrauen in die Politik verstärkt, auch das Management der Flüchtlingswelle ab 2015 hatte negativen Einfluss auf die Einstellung der Menschen gegenüber Politiker:innen. Angekreidet werden den Vertreter:innen des Staates und der Parteien auch Fehlverhalten und Korruption.

Derzeit begegnen die Bürger:innen den Regierenden mit großer Reserviertheit und Distanz. Mal wird der Vertrauensverlust als „Ermüdungssyndrom" bezeichnet, mal als „Krise der Repräsentation" beschrieben, mal als „ressentimentgesättigt" analysiert. Aber immer ist es das Misstrauen der Wähler:innen gegenüber den führenden Politiker:innen, um das es geht, beschreibt der französische Historiker und Demokratieforscher Pierre Rosanvallion in seinem Buch „Das Jahrhundert des Populismus".[1]

Was kann getan werden, um das Verhältnis zwischen Öffentlichkeit und den Funktionär:innen in Politik und Staat zu verbessern oder wiederherzustellen? Was sind die Lehren, die

Parteien und ihre Repräsentant:innen aus der Corona-Krise ziehen können?

Auf diese Frage gibt Rosanvallon, der in seiner Theorie an das „demokratische Ideal" glaubt, eine Antwort: permanente Anstrengung und Transparenz im politischen Handeln. Das heißt ständige und ehrliche Information und Kommunikation mit den Bürger:innen, um damit nicht nur Unsicherheiten und Ängste zu nehmen, sondern auch eine „vitale Demokratie" zu fördern und dem populistischen Projekt seine Attraktivität zu nehmen. Dieser Ansatz des aufrechten Kommunikationsprozesses entspricht ganz dem Selbstverständnis einer liberalen Demokratie und ihrer handelnden Politiker:innen, die es der Gesellschaft ermöglichen soll, sich in einem freien Meinungs- und Willensbildungsprozess zu informieren und zu verständigen. „Deshalb bildet das diskursive Niveau der öffentlichen Debatte die wichtigste Variable", schrieb der Philosoph Jürgen Habermas in seinem Werk „Faktizität und Geltung". Das klingt zunächst einmal neutral, markiert aber eine der wichtigsten Fragen der heutigen Demokratie. Was bedeutet es, wenn das diskursive Niveau der Debatte nicht nur herabsinkt, sondern absichtsvoll, systematisch und konsequent durch situative Anpassung der Fakten, Verdrehung der Wahrheit, Falschmeldungen oder Verschwörungstheorien – wie sie bei den Anti-Corona-Demos zum Vorschein kamen – manipuliert wird?

Um aus dieser katastrophalen Dynamik herauszukommen, gilt als Kompass und Handlungsmotiv eine nachhaltige Informations- und Überzeugungsarbeit. Dass dies und wie es gelingen kann, zeigen im langen Prozess der Pandemie-

Bekämpfung, bei der manche Parteien sich mehr von eiligen Umfragen als von evidenzbasierten Fakten und Inhalten haben leiten lassen, aktuelle Umfragen. Politiker:innen gewinnen eher Vertrauen, wenn sie auf Basis sachlichen Expertenwissens ihre Entscheidungen treffen, Führungskompetenz zeigen und ihre Beschlüsse konsequent und offen kommunizieren.

Eine repräsentative Umfrage und Datenanalyse des Austrian Corona Panel Projects der Universität Wien vom November 2021 kommt zum Ergebnis, dass rund ein Drittel der Bevölkerung (32 Prozent) „Null-Vertrauen" in die Politik der amtierenden türkis-grünen Bundesregierung hat. Weitere 23 Prozent geben der Regierung auf einer Skala von zehn Punkten die Noten Eins bis Drei, was die Bewältigung der Corona-Krise angeht, also „kaum Vertrauen". In dieser Umfrage bringen nur zwei Prozent der Befragten der Politik der Bundesregierung „sehr viel Vertrauen" entgegen.

Den Vertrauensverlust der Bundesregierung hat aber nicht nur das oftmals kritisierte Pandemie-Management bewirkt, die zahlreichen Wechsel an der Regierungsspitze (drei Bundeskanzler innerhalb weniger Wochen im Herbst 2021 sowie ebenfalls der dreifache Austausch des Gesundheitsministers) haben das Misstrauen der Bevölkerung verstärkt. „Der Höhepunkt des Misstrauens war durch den Wechsel der ÖVP-Bundeskanzler bedingt", betont Günther Ogris, der Leiter des Meinungsforschungsinstituts SORA.[2]

Ein Blick auf die Untersuchungsintervalle und die Zeitstrecke macht den Vertrauensverlust erst so richtig deutlich: Im Mai 2020, nach dem Ausbruch der Pandemie, dem ersten

Lockdown und den anfänglich rasch beschlossenen Maßnahmen der Regierung, sagten zehn Prozent der Befragten, dass sie „sehr viel Vertrauen" in die Regierung hätten, weitere zehn Prozent gaben „viel Vertrauen" an. Nur elf Prozent hatten damals „überhaupt kein Vertrauen", 14 Prozent nur „wenig Vertrauen.[3]

Durch die sich entwickelnde gering ausgeprägte Vertrauenseinstellung der Bürger:innen gelang es der Bundesregierung nicht oder nicht ausreichend, die gesundheitspolitischen Corona-Maßnahmen im Laufe der Pandemie großen Teilen der Bevölkerung zu vermitteln. Das heißt, vielen Politiker:innen ist es immer schwerer gefallen, ihre Entscheidungen und ihre Strategie zur Bekämpfung der Pandemie zu erklären und zu rechtfertigen. Wesentlich dazu beigetragen hat auch die undurchsichtige und oftmals widersprüchliche Informationspolitik der türkis-grünen Koalition. Die Regierung und die Gesamtstaatliche Krisenkoordination (GECKO) haben das kommunikative Chaos perfektioniert.

Das ewige Hin und Her bei den Maßnahmen sowie die fehlende Einheitlichkeit, die sich im ständigen Streit Bund versus Länder ausdrückte, haben viele Menschen verunsichert und misstrauisch gemacht. Klar ist, dass sich das Virus veränderte und die Politiker:innen zwang, immer wieder neue Anpassungen zu treffen. Dieses rasche Reagieren selbst ist dabei nicht das Problem. Das Problem ist die Kommunikation bzw. Nicht-Kommunikation der Regierung. Dass es auf so viele Fragen keine eindeutigen und schlüssigen Antworten gab, war belastend, weil Menschen daran glauben wollen, dass mit all den Maßnahmen irgendwann die Pandemie beendet werden könne. Diese Antworten sollten ehrlich und plausibel und keine Versprechungen sein, die nicht eingelöst werden können („Die Pandemie ist vorbei" oder „Ein Sommer wie früher"). „Wenn politische Kommunikation zu Propaganda wird, wächst das Misstrauen", erklärt SORA-Meinungsforscher Günther Ogris.[4] Das spiegeln auch die Umfragen wider. Die Politiker:innen im Bund und in der Mehrzahl der Bundesländer haben im Laufe der Pandemie das Vertrauen langsam, aber sicher verspielt. Und wenn das Vertrauen sinkt, werden die nötigen Schutzmaßnahmen immer weniger akzeptiert.

Ein Kommentar in der Tageszeitung *Der Standard* fasste die Situation im Land zum Jahreswechsel 2021/2022 mit sehr klaren Worten wie folgt zusammen: „Meinungsforscher haben ein dramatisch sinkendes Vertrauen ins ‚politische System' festgestellt, sozial gestaffelt. Aber nicht die Demokratie verliert an Vertrauen, was sinkt, ist das Vertrauen in Regierungsparteien, die politische Selbstbedienung über das Wohl der Bevölkerung stellen, und das bis zur Hurerei."[5]

### Der andere Weg: Das Modell Wien bei Covid-Regelungen und Kommunikation

Am Wiener Beispiel wird deutlich, dass politische Geradlinigkeit und Berechenbarkeit belohnt werden. Michael Ludwig wählte bei seinen Anti-Corona-Maßnahmen oftmals einen anderen Weg als der Bund, nämlich strengere Regelungen und, was entscheidend ist, eine transparente Krisenkommunikation. Trotzdem – oder gerade deswegen – stiegen Michael Ludwigs Imagewerte bei den Bürger:innen.

Eine OGM-Umfrage, die im Auftrag der Tageszeitung *KURIER* Ende Februar 2022 durchgeführt und veröffentlicht wurde, bescherte dem Wiener Bürgermeister hohe Zustimmungswerte.[6] Bei der Frage, wen die Wähler:innen Wiens wählen würden, wenn sie ihr Stadtoberhaupt direkt wählen könnten, käme der amtierende Bürgermeister Michael Ludwig auf 54 Prozent der abgegebenen Stimmen. Weit abgeschlagen hinter Ludwig kamen die Spitzenrepräsentanten von FPÖ, ÖVP, NEOS und Grüne zu liegen.

Durch Michael Ludwig gewinnt auch die SPÖ-Wien, deren Vorsitzender er ist, in der Wählergunst einen Höchstwert. Bei der Sonntagsfrage derselben *KURIER*-Umfrage gaben 47 Prozent der Wähler an, bei der Gemeinderatswahl für die SPÖ stimmen zu wollen, das wäre ein Zugewinn von 5,4 Prozentpunkten im Vergleich mit der Wien-Wahl im Herbst 2020. Mit diesem Ergebnis würde die SPÖ an der absoluten Mehrheit kratzen und mehr als 50 Prozent der Mandate erhalten. Bei der Wahl im Herbst 2020 kam die SPÖ auf 41,6 Prozent.

Weit hinter der SPÖ liegen der OGM-Umfrage zufolge ÖVP und FPÖ mit je 13 Prozent gleichauf. Grüne erreichen elf Prozent, NEOS acht Prozent, die neue Partei MFG („Menschen, Freiheit, Grundrechte") der Impfgegner:innen käme auf drei Prozent, die Bierpartei ebenfalls auf drei Prozent.

Zugute kommt Michael Ludwig und der SPÖ die insgesamt positive Stimmung in der Stadt. 60 Prozent der Befragten gaben an, dass sich die Stadt „eindeutig" oder „eher in die richtige Richtung" entwickelt und bewegt. „Die Wiener sind angesichts der ewigen Debatten um Corona überraschend positiv", sagt OGM-Chef Wolfgang Bachmayer. Das liege weniger an den Corona-Lockerungen, sondern vielmehr „am strengen, aber geradlinigen Covid-Kurs der SPÖ".

Die Daten bestätigen es: Auf die Frage, ob die „strengeren Corona-Maßnahmen der Stadtregierung insgesamt betrachtet richtig waren, antworteten 70 Prozent der Befragten mit „richtig", 28 Prozent fanden die Maßnahmen „nicht richtig", der Rest gab keine Antwort. Für „richtig" hielten die Wiener Regelungen insgesamt 84 Prozent der deklarierten SPÖ-Wähler:innen, 67 Prozent der ÖVP-Wähler:innen, 75 Prozent der Grün-Wähler:innen, 94 Prozent der NEOS-Wähler:innen und nur elf Prozent der FPÖ-Wähler:innen. Bürgermeister Michael Ludwig agiere „geduldig, unaufgeregt", erklärte Meinungsforscher Wolfgang Bachmayer. Mit Gesundheitsstadtrat Peter Hacker, „der eine direkte Sprache wählt und als Megafon dient", bilde er ein „gutes Duo".[7]

Die Stadtoberen der Zwei-Millionen-Metropole profitieren auch von einer „wissenschaftlichen Pandemiepolitik", die sie sich von Beginn an auf ihre Fahnen geschrieben haben. Michael Ludwig und sein Team legten Wert auf einen regelmäßigen und intensiven Austausch mit Vertreter:innen verschiedener Forschungsrichtungen. Der Bürgermeister ließ sich von Expert:innen beraten, vertraute ihrem Fachwissen und sah in keinem Moment der Pandemie Anlass, die Vorschläge der Wissenschaftler:innen zu konterkarieren, wie das auf Bundesebene der Fall war (zum Beispiel bei den radikalen Öffnungsschritten Mitte Februar 2022). Michael Ludwig nahm die Expert:innen ernst, richtete kritische Fragen an sie, stellte ihre

Ausführungen und Berichte aber nie in Zweifel. Die Gesundheit und das Wohlergehen der Bürger:innen hatte Vorrang vor Taktik und Umfragen sowie Image-Werten. Michael Ludwig legte die Erkenntnisse der Expert:innenrunde auf den Tisch, übersetzte sie mit seinem Team in eine verständliche Sprache und praktizierte eine evidenzbasierte Risiko- und Kommunikationsstrategie.

Dieses Vorgehen hat seinem Ansehen nicht geschadet. Als erfahrenem Politiker war ihm bekannt, dass ein Mangel an Übereinstimmung von verfügbaren Informationen, ihrer Bewertungen und den resultierenden Empfehlungen zu Verunsicherung der Bevölkerung beiträgt, Ängste schürt, Angriffsfläche für Falsch- und Desinformation bietet, das Vertrauen in staatliches Handeln untergräbt und somit den Erfolg von wichtigen Maßnahmen zum Schutz der Gesundheit gefährdet. Als Historiker ist dem Sozialdemokraten bewusst, dass es zur Kommunikation eines Politikers gehört, wissenschaftliche Informationen und Erkenntnisse den Bürger:innen mitzuteilen und über sämtliche Kanäle der Bevölkerung näher zu bringen. Wer Inhalte seiner Entscheidungen nicht erklären kann, versagt schnell einmal. Das gefährdet dann beides: die politische und die wissenschaftliche Arbeit.

Die gewählte Strategie hat Michael Ludwig zusätzliches Vertrauen von Seiten der Bürger:innen gebracht, sein Profil geschärft und seine Bekanntheit und Beliebtheit gefördert. Die Umfrage des Austrian Corona Panel Project, die die Vertrauenswerte von Politiker:innen über einen längeren Zeitraum gemessen hat, liefert die Bestätigung. Begonnen haben die

Messungen Mitte des Jahres 2020, die vorläufig letzte Untersuchung fand Ende November 2021 statt.

Das Vertrauen der Bevölkerung gegenüber der Wiener Landesregierung mit Michael Ludwig an der Spitze ist seit Mitte 2020 konstant hoch. Ende November 2021 haben zwölf Prozent der Befragten gesagt, dass sie „sehr viel Vertrauen" gegenüber der Wiener Stadtregierung haben, 26 Prozent haben mit „viel Vertrauen" geantwortet.

Etwas gestiegen ist aber auch der Anteil jener, die „überhaupt kein Vertrauen" in die Wiener Landespolitik haben. Von neun Prozent im Juni 2020 hat sich der Wert auf 17 Prozent im November 2021 erhöht.

Um einiges größer ist der Mangel an Vertrauen gegenüber den Spitzenpolitiker:innen in anderen Bundesländern. So haben in Oberösterreich 25 Prozent der Befragten „überhaupt kein Vertrauen" in die Landespolitik, in Niederösterreich sind es 24 Prozent, in der Steiermark 27 Prozent und in Tirol ist es fast ein Drittel der Bevölkerung (29 Prozent).

„Es zeigt sich deutlich, dass Wien – im Vergleich mit allen anderen Landesregierungen und der Bundesregierung – deutlich weniger Vertrauen eingebüßt hat bzw. die Vertrauenswerte in Wien weitgehend stabil geblieben sind", analysiert Kommunikationswissenschaftler Jakob-Moritz Eberl, der auch Mitglied des Austrian Corona Panel Project ist und für die Umfragen mitverantwortlich zeichnet.

Meinungsforscher Günther Ogris bezeichnet den Kommunikationsstil von Bürgermeister Michael Ludwig während der Pandemie als „sehr sachlich". Bei Formulierungen war er immer „auf der vorsichtigen Seite. Er hat sich nie als Erlöser der Pandemie dargestellt". Und er hat auf die Bevölkerung beruhigend gewirkt. „Michael Ludwig hat keine Angst gemacht. Man hat seine Ernsthaftigkeit und sein Bemühen gespürt", erklärt Günther Ogris.[8]

Auch eine Gallup-Umfrage von Mitte Dezember 2021 bescheinigte dem Bürgermeister, „bei der Bewältigung der Krise besonders positiv aufgefallen zu sein". 30 Prozent der Befragten stimmten dieser Aussage zu, 27 Prozent sprachen sich für Bundespräsident Alexander Van der Bellen aus. 25 Prozent der Befragten waren der Meinung, dass der neue Bundeskanzler Karl Nehammer bei der Bewältigung der Corona-Krise „positiv aufgefallen" sei.[9]

### Michael Ludwig, der „Pandemie-Kaiser"

Einige Wochen zuvor, als die Infektionsraten von Covid erneut in die Höhe schnellten und bald darauf der vierte Lockdown über das ganze Land verhängt wurde, punkteten die roten Landeshauptleute beim Corona-Krisenmanagement.

Eine Umfrage des Meinungsforschers Peter Hajek hat nicht nur Michael Ludwig aus Wien, sondern auch Burgenlands Landeshauptmann Hans Peter Doskozil das beste Zeugnis ausgestellt. Doskozil trat über viele Monate für weitgehende Freiheiten ein, baute Impfstraßen aus und warb mit einer Lotterie für eine hohe Durchimpfungsrate im Burgenland. Sowohl Bürgermeister Michael Ludwig mit strengeren Regelungen in Wien als auch Landeshauptmann Doskozil fanden mit ihrem Vorgehen über die eigene Wählerschaft hinaus Anerkennung.

Die Ergebnisse der Umfrage wurden am 13. November 2021 auf *ATV Aktuell* präsentiert.[10] Der ehemalige Bundeskanzler Sebastian Kurz fiel bei dieser Umfrage mit einem „Nichtgenügend" für sein Corona-Krisenmanagement durch.

„Der Wiener Bürgermeister als Pandemie-Kaiser" titelte das Wirtschaftsmagazin *trend* seine Umfrage-Werte.[11] Auf die Frage, welche Landeshauptleute in der Corona-Zeit bisher die besten Entscheidungen für Wirtschaft und Gesundheit getroffen haben, liegt Michael Ludwig mit 41 Prozent Zustimmung auf Platz eins. Mit 28 Prozent folgt hinter ihm der burgenländische Landeschef Doskozil.[12] Weit abgeschlagen dahinter liegen die Landeshauptleute Markus Wallner (Vorarlberg) und Johanna Mikl-Leitner (Niederösterreich) mit je sieben Prozent, Thomas Stelzer (Oberösterreich) mit sechs Prozent, Peter Kaiser (Kärnten) ebenfalls mit sechs Prozent und Hermann Schützenhöfer (Steiermark) mit fünf Prozent. Das Schlusslicht bilden Günter Platter (Tirol) mit vier Prozent und Wilfried Haslauer (Salzburg) mit drei Prozent.

### Demokratie braucht einen Turbo

So sehr sich einzelne Landeshauptleute wegen ihrer Maßnahmen gegen die Corona-Pandemie und ihrer konsequenten und ehrlichen Kommunikation mit den Bürger:innen von ihren Amtskollegen unterscheiden, so fatal sind die Ergebnisse einer Market-Umfrage, die im Auftrag der Tageszeitung *Der Standard* durchgeführt und Anfang März 2022 präsentiert wurde, für das demokratische System und die Einstellung gegenüber Politiker:innen: Nur vier Prozent der

Österreicher:innen trauen den heimischen Politiker:innen zu, gute Absichten zu haben. „Wir haben die Aussage bewerten lassen, ob die meisten Politiker, egal von welcher Partei, gute Absichten haben. Dem stimmen nur vier Prozent voll zu – aber 16 Prozent sagen eindeutig, dass die meisten Politiker eben keine guten Absichten hätten", wird Market-Institutsleiter David Pfarrhofer im *Standard* zitiert.[13]

Für das schwindende Vertrauen in die Politik ist aber nicht allein das ständige Hin und Her im Corona-Management verantwortlich, der Prozess hat schon vor Ausbruch der Pandemie eingesetzt. Seit das Ibiza-Video publik wurde, jagt – nicht nur gefühlt, sondern auch real – eine Affäre die nächste. Wir zählen seit dem Bekanntwerden des Ibiza-Videos am 17. Mai 2019 den vierten Kanzler, zwei Untersuchungsausschüsse im Parlament, Anfang März 2022 wurde eine frühere ÖVP-Ministerin wegen des Verdachtes auf Korruption verhaftet, einige Wochen später wieder aus dem Gefängnis entlassen. Postenvergaben an politische Günstlinge sind gang und gäbe, und mit Steuergeld wurden geschönte Umfragen gekauft.

Im Frühjahr 2022 erschütterte eine Inseratenaffäre des Vorarlberger Wirtschaftsbundes das Land, in dem sich wieder einmal auch die Kanzlerpartei ÖVP zu verstricken scheint. Was in Vorarlberg jahrelang als offenes Geheimnis galt, hat sich zu einem handfesten Korruptionsskandal ausgeweitet. Es geht um Inserate des Vorarlberger Wirtschaftsbundes in der hauseigenen Zeitung *Vorarlberger Wirtschaft*. Diese sollen nicht rechtmäßig versteuert worden sein, was auch ein Prüfbericht des Finanzamtes bescheinigt. 1,2 Millionen Euro an Nachzahlung könnten fällig werden, zudem drohen Strafzahlungen. Unternehmen in Vorarlberg sollen außerdem dazu gedrängt worden sein, in der Zeitung zu inserieren.[14]

Es gibt aber auch Versuche, die Demokratie zu kitten und den Rechtsstaat zu stärken. Dazu zählen das geplante Parteifinanzen-Gesetz, das bis zum Sommer 2022 beschlossen werden soll, und das rhetorische Bekenntnis zu mehr Transparenz.[15] Um Machtmissbrauch zu verhindern, wurde im Frühjahr 2022 ein Rechtsstaats- und Antikorruptionsvolksbegehren eingeleitet. Doch das allein wird nicht genügen. Das Amtsgeheimnis-Gesetz gehört längst abgeschafft und künftige Postenvergaben nach strengen, nachvollziehbaren Kriterien geregelt.

Es braucht Maßnahmen, um gegen falsche Informationen und Verschwörungstheorien, die über soziale Netze verbreitet werden, schärfer vorzugehen, denn immer mehr Verunsicherte wenden sich vom Faktischen ab. Das Bildungssystem ist hier gefragt, in sachliche Meinungsbildung muss investiert werden. Es braucht massive Antikorruptionsmaßnahmen. Selbst Rechnungshofpräsidentin Margit Kraker bestätigt in einem Interview mit der *Süddeutschen Zeitung*, dass „Österreich derzeit ein Korruptionsproblem hat", Ministerien nicht nur im Dienst der Republik arbeiten und Postenbesetzungen Inhalt von Regierungspolitik sind.[16]

Ein zerstörtes Vertrauen in den Staat und sein politisches System macht die liberale Demokratie zerbrechlich und verwundbar. Damit wird aber auch die wohlfahrtsstaatliche Substanz gefährdet und ausgehöhlt, was nicht zuletzt die Pandemie deutlich gemacht hat. Das gesamte Gesundheitssystem, die Spitäler, die Ärzt:innenschaft und das gesamte Pflegepersonal dürfen nicht bis zum Limit beansprucht und ausgenutzt werden.

Und nicht zuletzt braucht eine demokratische Ordnung eine intakte Öffentlichkeit, die sich an Wahrheit und Fakten orientiert, die sich nicht hochschaukelt durch Ressentiments, sondern in der gesellschaftliche, sozialintegrative Meinungs- und Willensbildungsprozesse stattfinden können. Sind diese Prozesse nicht stabil, trägt auch die Öffentlichkeit dazu bei, die Demokratie zu zerstören.

# Proteste, Demonstrationen, Radikalisierung

Es war ein grauer Wintertag, Samstag, der 15. Jänner 2022: Am frühen Nachmittag strömten von nah und fern Zehntausende Demonstrant:innen in die Wiener Innenstadt. Sie versammelten sich auf dem Heldenplatz, vor dem Burgtor formierten sie sich für den Protestmarsch, um gegen die Anti-Corona-Maßnahmen der Regierung und im Besonderen gegen die Impfpflicht zu rebellieren. Unverkennbar war die bunte Trachtengruppe aus den Schweizer Bergen mit ihren dröhnenden Kuhschellen, die schwer von ihren Schultern hingen. Langsam setzte sich der Umzug entlang der Ringstraße in Bewegung, mit dabei waren bekannte Rechtsextreme und FPÖ-Chef Herbert Kickl. Nur wenige trugen FFP2-Masken, sie wurden als Schikane der Behörden bzw. des Staates als Maßnahme gegen die Corona-Pandemie abgelehnt. Hunderte Polizist:innen beobachteten angespannt das Geschehen, Helikopter kreisten laut über der Stadt.

Die Stimmung war beängstigend, die Bilder schockierend. Ein junger Mann trug den abgeschlagenen Kopf einer Schaufensterpuppe durch die Straßen. Andere Teilnehmer hielten Miniatur-Galgen in den Händen, Gehängte baumelten zu Boden. Unzählige rot-weiß-rote Fahnen mit dem Adler in der Mitte wehten über der Menschenmenge. Der Adler, es ist das offizielle Wappentier der Republik. Auf selbstgefertigten Transparenten stand unter anderem „Mein Körper, meine Entscheidung", „Nie wieder Diktatur", „Eure Politik macht uns Angst", einfach nur „Freiheit" oder alarmierend „Impfen ist Mord", nicht zufällig in gotischen Lettern geschrieben. Man sah Banner, so breit wie die Straße, mit dem Slogan „Stopp dem Impffaschismus", „Stopp dem Globalistendreck" oder „An uns bricht Eure Nadel". Viele Demonstrant:innen hatten den gelben Judenstern mit dem Schriftzug „Ungeimpft" angesteckt. Was man hier sah, war einfach nur beklemmend und machte Angst. Es handelte sich um strafbare Holocaustbeschönigungen.

Bei der Massenkundgebung an diesem Jänner-Samstag wurden auch Reichsfahnen und Reichskriegsflaggen geschwungen, deutlich sichtbar kam das Symbol der antisemitischen Sekte Q-Anon zum Vorschein.

Direkt vor der FPÖ-Rednerbühne wurden Verbrechen des Nazi-Regimes verharmlost. Ein Hitlerfoto mit dem Spruch „Impfen macht frei" ragte in die Luft. Der Slogan ist an den Schriftzug „Arbeit macht frei" angelehnt – und erinnerte an das Eingangstor zum Vernichtungslager Auschwitz-Birkenau. Mehr als eine Million Jüdinnen und Juden wurden hier in den Gaskammern von den Nazis ermordet. Auch Tausende Angehörige von Minderheiten und Kritiker:innen des NS-Regimes. Ein monströses Verbrechen der Menschheitsgeschichte.

Ein Aktivist, der den Hitlergruß zeigte und sich dann der Amtshandlung widersetzte, wurde von der Polizei festgenommen. Wegen des Verdachts der Wiederbetätigung und des Widerstands gegen die Staatsgewalt wird gegen diese Person ermittelt. „Derartiges Verhalten ist nicht zu tolerieren, wird konsequent verfolgt und zur Anzeige gebracht", ließ Innenminister Gerhard Karner (ÖVP) wissen. Ob das passiert ist, ist nicht bekannt.

**FPÖ an vorderster Front dabei**

Bei der Demonstration zum Jahresauftakt 2022 traten etliche Redner:innen rechtsextremer Gruppierungen auf, auch der freiheitliche Parteiobmann Herbert Kickl ergriff das Wort und marschierte in Allianz mit Rechtsextremen an vorderster Front mit. Anwesend war der bekannte Rechtsextreme und Verschwörungsideologe Hannes Brejcha. Er sprach von „Nürnberger Prozessen 2.0" für alle österreichischen Abgeordneten des Nationalrates, die für die Impfpflicht stimmen wollen.[17] Der Oppositionschef kündigte für die Debatte anlässlich der Abstimmung über die Impfpflicht am 20. Jänner 2022 „einen richtigen Tanz im Parlament" an und behauptete Folgendes: „Verfassungsrechtlich ist dieses Gesetz nichts anderes als eine Vergewaltigung der Grund- und Freiheitsrechte." Und darüber hinaus sei auch medizinisch „nichts von den genannten Gründen für die Impfpflicht übriggeblieben". Wissenschaftsfeindlichkeit ist bei rechten Politiker:innen nichts Neues, es gehört zum Standardprogramm.

Herbert Kickl verlangte auch die Abschaffung sämtlicher Corona-Regeln wie die Maskenpflicht oder den Lockdown für Ungeimpfte. Der FPÖ-Chef versprach, weiter für Neuwahlen zu kämpfen: „Game over statt Gamechanger", ließ er im lauten Getöse der Menge wissen und setzte nach: „Die Regierung ist tot, die Demokratie lebt, nur der Nehammer (ÖVP-Bundeskanzler, Anm.) hat's noch nicht kapiert."[18]

Dass bei der FPÖ-Demonstration von der Bühne aus politischen Gegner:innen mit dem Tod gedroht wurde, hat damit im Zuge der Anti-Corona-Demonstrationen und der Proteste der

Corona-Leugner:innen einen traurigen Höhepunkt erreicht. „Fakten werden verdreht, die Verhältnisse einfach umgekehrt, und wir Vernunftbegabten und Verantwortungsbewussten, die in der Corona-Impfung den lebensrettenden Sinn erkennen, sind plötzlich die Nazis von gestern, während die Impfverweigerer und Schwurbler, die mit den amtsbekannten Neonazis und Identitären aufmarschieren, sich als die von staatlicher Repression Verfolgten, ja, die ‚Juden‘ darstellen", schreibt der Historiker, Literaturwissenschaftler und Schriftsteller Gerhard Zeillinger in einem Essay mit dem Titel „Wer sind hier die Nazis?" im *Standard Album*.[19]

Die Kundgebung an jenem Jänner-Samstag 2022 in Wien war nicht die erste und auch nicht die letzte dieser Zusammensetzung und Größe. Schon vor dem Inkrafttreten des vierten österreichweiten Lockdowns am 22. November 2021 versammelten sich an mehreren Wochenenden in der Bundeshauptstadt und auch in anderen Städten Österreichs Tausende Gegner:innen der Corona-Politik der Regierung und auch der Beschlüsse der Stadt Wien. Begonnen hatten die Kundgebungen schon zu Jahresbeginn 2021, damals waren sie getarnt als harmlose, friedliche Spaziergänge.

Als die Corona-Maßnahmen wegen steigender Infektionszahlen verschärft wurden, kam es Anfang Dezember 2021 zu einer Massenkundgebung in Wien. Nach Polizeiangaben sollen es rund 45.000 Teilnehmer:innen gewesen sein. In Folge dieser landesweiten Proteste wurden immer öfter Pflegekräfte, Krankenhauspersonal und Ärzt:innen von Corona-Leugner:innen und Impfgegner:innen attackiert, Spitalseinfahrten und Spitalszugänge blockiert, Polizist:innen bespuckt sowie Medienvertreter:innen als „Lügenpresse" und Vertreter:innen von „Systemzeitungen", beides Nazi-Begriffe, wüst beschimpft.

Der Widerstand, ganz besonders gegen die Impfpflicht, nahm bei jeder Demonstration zu. Es entstand der Eindruck, dass die Proteste aggressiver und gefährlicher wurden. Mit Fortschreiten der Pandemie verwandelten sich die Demonstrationen zu Manifestationen von Rechtsextremen, gepaart mit rabiaten Gegner:innen des Staates und der Demokratie, Anhänger:innen von Verschwörungstheorien sowie Leugner:innen des Holocaust und bekennenden Antisemit:innen.

„Wir sehen, dass grundsätzlich 15 Prozent der österreichischen Bevölkerung diese Demonstrationen unterstützen. Das hat sich seit Februar 2021 trotz Impfpflicht und Pandemieverschärfung nicht verändert. Das ist nicht wenig. Die Dunkelziffer ist wahrscheinlich höher", stellt Kommunikationswissenschaftler und Mitglied des Austria Corona Panel Project der Universität Wien, Jakob-Moritz Eberl, fest.[20] Von diesen 15 Prozent gibt es laut einer Online-Umfrage des Austria Corona Panel Project wiederum 15 Prozent, die sagen, sie würden auch gewaltsame Demonstrationen unterstützen, betont Eberl. Den Eindruck vieler Österreicher:innen, wonach die Proteste im Laufe der Pandemie gewalttätiger geworden seien, kann Jakob-Moritz Eberl auf Basis der Daten zwar nicht bestätigen, dennoch ist er überzeugt: Bei den Demonstrationen handelt es sich um „ein deutliches Gefahrenpotenzial".[21]

### Rechtsextreme übernehmen wichtige Rolle

Immer häufiger marschierten im Pulk der Demonstrationen Menschen mit völlig anderen Zielen mit, nämlich gewaltbereite Neonazis, Holocaust-Verharmloser:innen, geschichtsblinde Wutbürger:innen, Staatsverweigerer:innen und Identitäre, die vom rechtsextremen Influencer Martin Sellner angeführt werden. Die Gruppe der Identitären wird vom Verfassungsschutz und dem Abwehramt des Bundesheeres überwacht. Verführt von der radikal-zynischen Kickl-Truppe und den Anhängern der neuen Partei MFG („Menschen Freiheit Grundrechte") fluteten bei jeder Demonstration Tausende die Straßen und grölten Hass und Widerstand gegen die Gesundheitspolitik von Regierung und Ländern. Dass Impfkritiker:innen und Impfgegner:innen gemeinsam mit Antidemokrat:innen und Rechtsextremen demonstrierten, schien viele dieser besorgten Bürger:innen, die „Freiheit über ihren Körper" forderten, keineswegs zu stören. „Für viele war und ist die Thematik Impfen so wichtig, dass ihnen die Frage, wer noch demonstriert, nicht so relevant erschien. Andere wollten schlicht nicht wahrhaben, mit wem sie marschierten, und griffen zur Realitätsverleugnung", erklärt Rechtsextremismus-Forscher Bernhard Weidinger vom Dokumentationsarchiv des österreichischen Widerstandes (DÖW).

Weidinger betont auch, dass sich „im Lauf der Zeit praktisch alle rechtsextremen Gruppen der Protest-Bewegung angeschlossen haben. Zunächst abwartend und beobachtend. Doch von dem Zeitpunkt an, wo sie gemerkt haben, dass in den Protesten ein gewisses Potenzial liegt und eine gewisse Dynamik im Entstehen ist, haben sie sich verstärkt daran beteiligt". Das gilt im Besonderen auch für die FPÖ und die noch recht junge Partei MFG, die bei diesen Demonstrationen Wähler:innen ansprechen und gewinnen möchten.

Der Politologe beobachtet und analysiert seit Jahren rechtsextreme Gruppen und Entwicklungen in Österreich sowie auch in anderen EU-Mitgliedsländern. In seiner Expertise kommt er zu folgendem Ergebnis: „Bei den Corona-Protesten haben Akteure der Rechtsextremen eine erweiterte Öffentlichkeit vorgefunden. Sie nehmen dabei eine sehr wichtige und sichtbare Rolle ein. Sie nutzen die Proteste aber auch als Vehikel, um eine größere Wahrnehmung zu erreichen. Ihrem subjektiven Empfinden nach haben sie eine Stärkung erfahren. Sie sind maßgebliche Akteure von Protesten einer Größe, die es von Rechtsaußen in Österreich seit dem Ende des Zweiten Weltkrieges 1945 in dieser Form nicht mehr gegeben hat."[22]

Identitäre und „ihre Zerfallsprodukte" sind im rechtsextremen Spektrum von Beginn an – gemeinsam mit der FPÖ – führend an den Demonstrationen beteiligt. Die Identitären haben zwischenzeitlich ihre Bezeichnung geändert, zuletzt sind sie unter dem Namen „Die Österreicher", „Aktives Wien" oder „Widerstand in Bewegung" in Erscheinung getreten, um das „kontaminierte Label Identitäre nicht mehr verwenden zu müssen", erzählt Bernhard Weidinger. Sie machen mit Slogans wie „Heimatschutz statt Mundschutz" auf sich aufmerksam. Bei Demonstrationen in Wien waren sie auch an ihren weißen Schlauchschals, die sie bis über die Nase tragen, zu erkennen.

Zu den Rechtsextremen gesellen sich auch Gruppen wie die Initiative „Heimat und Umwelt", die unermüdlich durch die Bundesländer tourt, oder auch der Zusammenschluss „Gruppe Anti-EU", die seit vielen Jahren vehement den Austritt Österreichs aus der EU fordert.[23]

Jakob-Moritz Eberl warnt davor, alle Teilnehmenden an den Anti-Corona-Demonstrationen pauschal als „rechtsextrem" und „gewaltbereit" einzustufen. „Aber gerade in der FPÖ und der MFG ist die Unterstützung für gewaltsame Demonstrationen am deutlichsten und am stärksten ausgeprägt. In diesen beiden Parteien gibt es – im Vergleich zur Gesamtbevölkerung – auch einen größeren Anteil an Verschwörungsgläubigen, die sich einer gewaltsamen Sprache bedienen. Bei ihnen geht es bei der Frage der Corona-Maßnahmen um Leben und Tod. Und das auf Basis von Lügen und Falschinformationen."[24]

### Patriotismus ist Grundkonsens

So unterschiedlich die Zusammensetzung der Anti-Corona-Protestbewegung auf den ersten Blick auch sein mag, unter allen beteiligten Gruppen und Teilnehmer:innen gab es einen Grundkonsens über die Gegnerschaft zu der Regierung und deren Anti-Corona-Maßnahmen. In dieser Bewegung gab es auch Akzeptanz für Patriotismus, welchen diese Bewegung in ihrem Sinne weiter verstärken und aufladen wollte, erklärt Wissenschaftler Weidinger. Gemeinsam ist so gut wie allen Kundgebungsteilnehmer:innen auch ein antiaufklärerischer, wissenschaftsfeindlicher, irrationaler Impetus.

Unter den Demonstrierenden finden sich zahlreiche Menschen, die an Verschwörungsmythen glauben: zum Beispiel an den „Great Reset" („Der große Umbruch"; „Der große Neustart"). Das ist eine Annahme, die sich rasend schnell unter Corona-Leugner:innen verbreitet hat. Die These ist, dass unter der Überschrift „The Great Reset" eine globale Finanzelite eine neue Weltwirtschaftsordnung plant und diese durch die Covid-19-Pandemie begründet sieht.

Ein inhaltliches Naheverhältnis der Corona-Maßnahmengegner:innen gibt es auch zu Anhänger:innen jener Verschwörungstheorie, die davon ausgeht, dass der US-amerikanische Unternehmer und Milliardär Bill Gates als Strippenzieher hinter der Pandemie stehe. Einige denken, dass er mit der Corona-Pandemie einen globalen Impfzwang durchsetzen will und finanziell an den weltweiten Impfungen beteiligt ist. Andere wiederum denken, dass einer der reichsten Männer der Welt versucht, Menschen mithilfe der Impfungen Chips einzupflanzen, um sie gefügig zu machen. Eine Annahme geht davon aus, dass Bill Gates die Weltbevölkerung reduzieren möchte und dafür das Corona-Virus gezielt in die Welt gesetzt hat.

Ein Aspekt des rechtsextremen Denkens ist auch die Überzeugung, dass hinter der Herstellung von Impfstoffen und Anti-Covid-Medikamenten große global agierende Pharma-Konzerne stehen. Demnach würden sie einen geheimen Plan der „Globalisten" zur Weltbeherrschung verfolgen. Im Kern sei das ein „antisemitischer Anti-Globalismus", definiert Andreas Peham, Antisemitismus-Forscher des Dokumentationsarchives des österreichischen Widerstandes.[25]

Hinter dem Denkmuster von Verschwörungsanhängern steckt oftmals neben Antisemitismus und rechtsextremen Haltungen und Befinden auch „wissenschaftsbezogener Populismus", betont Kommunikationswissenschaftler Jakob-Moritz Eberl, und er fügt ergänzend hinzu: „Wie beim politischen Populismus sind es Eliten, die einem vorschreiben, was richtig ist und was zu geschehen hat, was Wissenschaft ist und was nicht dazu zählt."[26]

Ob Rechtsextreme, Anhänger:innen von Verschwörungsideologien oder Verweiger:innen staatlicher Maßnahmen, einig sind sie sich in ihrer Kritik gegenüber den regierenden Politiker:innen und der Ablehnung der Corona-Maßnahmen. „Bei allen Gruppen spielt eine Rolle, dass es sich um eine Bewegung handelt, die der bestehenden Regierung sehr kritisch gegenübersteht und die für einen politischen Wandel weg vom Status quo eintritt.", erklärt Bernhard Weidinger.[27]

Die Ablehnung des Status quo ist bei den protestierenden Gruppen unterschiedlich ausgeprägt. „Die FPÖ ist gegen die aktuelle Bundesregierung (Koalition aus ÖVP und Grüne, Anm.) und will Neuwahlen. Das ist in der Protestbewegung eine wohl einigermaßen konsensfähige Forderung", analysiert Politologe Weidinger. Andere Gruppen streben „die Transformation zu einer illiberalen Demokratie" an, wie sie der rechtsnationale Ministerpräsident Viktor Orbán seit Jahren in Ungarn umsetzt und praktiziert. Manche Aktivist:innen, die von einer „Corona-Diktatur" sprechen und regelmäßig bei Anti-Corona-Demonstrationen auftreten, wie der ehemalige Kärntner Politiker der Grünen, des BZÖ, des Team Kärnten bzw. Team Stronach, Martin Rutter, wollen die direktdemokratischen Instrumente ausbauen und „dem gesunden Volksempfinden" zum Durchbruch verhelfen. Und Neonazis wie Gottfried Küssel lehnen demokratische Institutionen und Prozesse pauschal ab. Neonazis wollen die Errichtung nationalsozialistischer Strukturen.

## Pandemie und NS-Verharmlosung

Historiker:innen, Kommentator:innen und die meisten Politiker:innen sind sich einig, dass der Vergleich der Impfung, des Grünen Passes, der Zugangskontrollen in Geschäften, Restaurants und im Kulturbereich sowie der Maskenpflicht mit den politischen Inhalten und Symbolen der Nazi-Diktatur eine Bagatellisierung des Nationalsozialismus darstellt. Dadurch inszenieren sich viele Demonstrant:innen als Opfer, schänden damit aber das Andenken an die Opfer des Nationalsozialismus und entlasten somit die Täter:innen. „Das Irrationale ist längst ein Kennzeichen dieser Szene, so wie Hass und Gewaltbereitschaft. Auch die Opferinszenierung erinnert an die Nazis, deren Feindbild war auch das ‚System‘, und hinter allem stand für sie die jüdische Weltverschwörung", schreibt der Historiker Gerhard Zeillinger.[28]

Für viele ist es unverständlich, weshalb sich bei den Protesten gegen die Corona-Maßnahmen plötzlich so viele Bürger:innen mit dem Judenstern, Hitlergruß und Herunterspielen historischer Nazi-Verbrechen hervorgetan haben. Das Dokumentationsarchiv des österreichischen Widerstandes hat auf seiner Homepage zu der Problematik historischer Vergleiche eine grundsätzliche Stellungnahme unter dem Titel „Corona-Pandemie und NS-Verharmlosung" veröffentlicht und die Zusammenhänge erklärt.[29]

Darin heißt es, dass die „Verharmlosung der NS-Verbrechen auf unterschiedliche Weise geschehen kann: durch das direkte Herunterspielen der historischen Ereignisse ebenso wie durch eine übertriebene, verfälschende Darstellung aktueller Ereignisse in Form von Vergleichen oder der Gleichsetzung mit dem damals Geschehenen." Die letztgenannte Form der Verharmlosung durch Gleichsetzung bzw. relativierende Vergleiche wird seltener als solche erkannt – oft nicht einmal von den handelnden Personen selbst, erklärt das DÖW in einer ausführlichen Stellungnahme.

„Ich gehe davon aus, dass viele Leute, die zu diesen Symbolen greifen, subjektiv keine Intention zur Verharmlosung des Nationalsozialismus und des Holocaust haben. Sie begreifen es als Mittel, aus ihrer Sicht die Dramatik der Situation zu unterstreichen. Wenn ich transportieren will, dass etwas Verheerendes, Monströses im Gange ist, dann ist der NS-Bezug die ultimative Referenz", veranschaulicht es bildlich Rechtsextremismus-Forscher Bernhard Weidinger.[30] Er betont auch, dass Menschen, „die zu solchen Vergleichen greifen, entweder zu wenig darüber wissen, was damals passiert ist, oder ein sehr verzerrtes Bild davon haben, was aktuell passiert. Es kann aber auch beides gleichzeitig der Fall sein."

Wichtig zu nennen sei auch eine eindeutig antisemitische Aktion, zu der es Mitte Jänner 2022 in Niederösterreich kam. Der Vorgang, der sich in Gemeinden des Bezirks Horn ereignete, erinnerte an die dunklen Zeiten der neueren österreichischen Geschichte. Unbekannte Täter hatten in der Nacht Plakate mit der Aufschrift „Kauft nicht bei Impffaschisten" an den Fassaden von Geschäften und Lokalen angebracht. Die Formel „2 G" (Genesen und/oder Geimpft) war durchgestrichen worden, daneben stand „Gesund" mit einem Haken versehen.[31] Die Störaktion ist unmissverständlich eine Parallele zu den 1938 in Wien und anderen Städten Österreichs durchgeführten Nazi-Attacken gegen jüdische Geschäfte und Lokale, die damals auch mit Plakaten beklebt worden waren, und an denen in großen Buchstaben stand: „Kauft nicht bei Juden ein."

Wenige Tage nach dem Vorfall in Niederösterreich wurden auch vier Eingangstüren von Geschäften in Neusiedl am See beschmiert. Es gab Äußerungen gegen die Impfpflicht und das „Coronadiktat". Auf zwei Türen schrieben Unbekannte mit schwarzem Filzstift „Nazi".[32]

Immer öfter bedienen sich radikale Impfgegner:innen gewaltsamer Mittel. Jakob-Moritz Eberl bezifferte die Gruppe der radikalen Impfgegner:innen mit zwölf Prozent der österreichischen Bevölkerung, insgesamt 15 Prozent „ignorieren das Virus", ergeben die Untersuchungen.[33]

### Allianz am rechten Rand

„Rechtsextreme wittern ‚Jahrhundertchance'", titelte die Tageszeitung *Der Standard* in ihrem Watchblog.[34] Im Zuge der Proteste gegen die Maßnahmen zur Eindämmung der Pandemie durch die Bundesregierung und der Stadt Wien ist es bereits Anfang 2021 zu einer „zunehmenden Verschmelzung verschiedener Sektoren der österreichischen extremen Rechten" gekommen, schreibt das Dokumentationsarchiv des österreichischen Widerstandes auf seiner Homepage unter der Rubrik „Neues von ganz rechts".[35] Diese Entwicklung hat sich „nicht nur inhaltlich, sondern auch in gemeinsamen Auftritten und Mobilisierungen niedergeschlagen".

Maßgeblich zu diesem Prozess hat laut DÖW die Neuaufstellung der FPÖ unter Parteichef Herbert Kickl beigetragen. Im Instrument des Straßenprotestes sehen die Freiheitlichen ganz offensichtlich eine Möglichkeit, sich zu inszenieren und neue Wähler:innen aus dem extrem rechten Segment anzusprechen. FPÖ-Generalsekretär Michael Schnedlitz verkündete gar, die „Zeit für außerparlamentarische Aktivitäten" sei gekommen. Der Messenger-Dienst *Telegram* gab ausführlich Einblick in die Gruppen, die das ganze Land mit Demonstrationen, Kundgebungen und Streiks überziehen sollten. Auch andere Online-Medien aus dem rechten Eck, die wesentliche Pfeiler der Corona-Proteste waren und sind, befeuerten die Stimmung der Impfgegner:innen, der Anhänger:innen antisemitischer Verschwörungstheorien und rechtsextremer Gruppen.

So setzte sich mit großem Einsatz die FPÖ für die Wiener Großdemonstration vom 20. November 2021 ein, ebenso für nachfolgende Protest-Termine. Vorübergehend war auf der Website der Partei auch ein „Demokalender" abrufbar, der vorübergehend eine Kundgebung der Gruppe Corona-Querfront um den Neonazi Gottfried Küssel bewarb. Dieser Hinweis wurde aber wieder entfernt.[36]

An der Verschränkung der Freiheitlichen mit Rechtsextremen arbeitete die Parteiorganisation „Freiheitliche Jugend" tatkräftig mit. Sie kooperierte mit den „Identitären" unter ihrem Anführer Martin Sellner oder dem „neu-rechten" Segment des nicht-parteiförmigen Rechtsextremismus. Die FPÖ-Jugendorganisation veranstaltete im Herbst 2021 gemeinsam mit Aktivisten der „Identitären" private Grenzpatrouillen gegen den „Asylwahn" an der burgenländisch-ungarischen Grenze.

„Kontrolliert die Grenze – nicht Euer Volk" war dann bei der Demonstration am 20. November 2021 auf einem Fronttransparent des Blocks außerparlamentarischer Rechtsextremer zu lesen. Auf seinem Facebook-Account postete der Bundesobmann Maximilian Krauss zuvor: „Der einzige Lockdown, den wir brauchen, ist ein Lockdown der Grenzen!"

Zur Mobilisierung rechtsextremer Gruppen haben auch „alternative Nachrichtenmedien" beigetragen. „Das publizistische Potenzial des rechtsextremen Lagers wurde professionalisiert. Auf diesen Informationen können die Organisationen aufbauen", betont Kommunikationswissenschaftler Jakob-Moritz Eberl.[37]

Anfang 2022 war zunächst offen, ob und in welcher Intensität die Demonstrationen gegen die Anti-Corona-Maßnahmen weitergehen. Werden sich die Proteste auf Wien konzentrieren? Wird es mehr Kundgebungen dezentral in kleineren Orten geben? Oder werden andere Protestmittel als Umzüge eingesetzt? Das ist nicht exakt prognostizierbar und hängt im Wesentlichen vom Virus ab. „Wir haben bisher gesehen, dass es ein kausales Verhältnis zwischen der Entwicklung der Pandemie selbst, dem Ausmaß an jeweils geltenden Pandemiebekämpfungsmaßnahmen und der Größe der Mobilisierungen gibt", weiß Bernhard Weidinger. Aber eines scheint für ihn sicher zu sein: „Solange die Pandemie nicht im Griff ist, werden die Proteste weitergehen."[38]

### Ein hupender Autokorso am Wiener Ring

Damit hatte der Wissenschaftler recht: Am 11. Februar 2022 kam es zu einem Fahrzeugkonvoi von Corona-Maßnahmengegner:innen in der Wiener Innenstadt, den die Polizei zuvor untersagt hatte. Der Autokorso war wegen Abgas- und Lärmbelastung sowie Blockade-Ankündigungen untersagt worden, tausende Pkws und Lkws sowie Wohnmobile bestückt mit Österreich-Fahnen waren trotzdem vor allem auf der Ringstraße unterwegs und machten durch Hupen und Transparente auf sich aufmerksam. Die Polizei hatte die Versammlung wegen der Emissions- und Lärmbelastung, aber auch aus Sorge vor einer Totalblockade des Verkehrs nicht zugelassen.[39]

Die Autos und Lastwagen, rund 3000 an der Zahl, die sich an den kanadischen Trucker-Protesten in Ottawa ein Vorbild nahmen, machten durch Hupen auf sich aufmerksam. An den Lkw waren auch Transparente gegen die Impfpflicht montiert.

Aber nicht nur Autokorsos und samstägliche Demonstrationen zeigten den anhaltenden Widerstand mancher Gruppen der Bevölkerung gegen die Corona-Maßnahmen der Bundesregierung.

Immer öfter kam es zu verbalen Attacken und körperlichen Bedrohungen von Impfgegner:innen gegenüber Ärzt:innen, die sich öffentlich für das Impfen aussprachen. Selbst von Morddrohungen gegenüber Mediziner:innen, dem Spitalsmanagement

44

und dem Spitalspersonal war die Rede.[40] Aggressive Schriftzüge wurden an Mauern von Landeskliniken angebracht. Es gebe bei manchen eine „wahnhafte Wahrnehmung von Informationen", die „wissenschaftlich nicht belegbar" seien, erklärte dazu Christoph Fürthauer, Sprecher der niedergelassenen Ärzt:innen.[41]

Nach Beginn des Angriffskrieges Russlands gegen die Ukraine gingen die Corona-Demonstrationen in Österreich weiter. Wenige Tage nach dem Einmarsch russischer Truppen in der Ukraine am 24. Februar 2022 zogen wieder organisierte Rechtsextreme gemeinsam mit Impfgegner:innen und russischen Fahnen durch Wien. Aus einem Lautsprecher tönte die russische Nationalhymne. Wladimir Putin gilt im rechtsextremen Milieu schon seit Jahren als Identifikationsfigur, dessen Panzerpolitik und autoritäres Auftreten diesen Kreisen imponiert.[42] Die Impfgegner:innen-Szene wird stark von Rechtsextremen beeinflusst, die Feindbilder sind ident. So wird der Krieg in der Ukraine mit der Corona-Pandemie verknüpft. Finstere Mächte im Hintergrund, die „Globalisten", werden für beide Krisen verantwortlich gemacht. Und „Globalisten" steht bei Rechtsextremen für das Weltjudentum.

Beispielsweise machte der oberösterreichische Online-Sender *aufı.at*, ein wichtiges Sprachrohr der Corona-Leugner:innen und -Verharmloser:innen sowie verschwörungsgläubiger Impfgegner:innen, vor dem russischen Angriff das „Globalisten-Regime des Westens" für eine mögliche Eskalation verantwortlich.[43]

## Entfremdung von der Politik als Bedrohung für die Demokratie

Für den Rechtsextremismus-Forscher Bernhard Weidinger werden die veränderten politischen Einstellungen der Bevölkerung „als ein bleibendes Phänomen von großer Relevanz" die politische Arbeit und die politische Kommunikation in Zukunft bestimmen. Die Pandemie habe Einstellungen und Positionen, die vor der Ausbreitung des Virus latent vorhanden waren, bewusst und sichtbar gemacht, wie etwa „die Entfremdung vieler Bürgerinnen und Bürger vom politischen System, von den Institutionen der repräsentativen Demokratie, von Justiz und Medien". Auch das Misstrauen gegenüber Politiker:innen sei größer geworden. „All das wird zurückbleiben, auch dann, wenn die Pandemie längst überwunden sein wird", resümiert Weidinger.[44]

Nicht alles sei erst in der Corona-Pandemie entstanden, sie habe allerdings als „Katalysator" gewirkt. „Wir stellen fest, dass eine überraschend große Zahl von Leuten für Botschaften empfänglich ist, die demokratisch gewählten Vertreterinnen und Vertretern Ungeheuerliches unterstellen – bis hin zu geplantem Massenmord an der eigenen Bevölkerung. Das zeigt an, dass es davor schon ein gehöriges Maß an Misstrauen gegenüber den Regierenden bzw. den Politikern gegeben haben muss. Das ist im Zuge der Pandemie und mit dem Eindruck gewachsen, dass die Regierenden überfordert sind."[45]

Dieses Misstrauen gegenüber dem politischen Establishment und die damit einhergehende Entfremdung von der Politik werden in der Post-Pandemie-Ära bleiben. Ob dieser Prozess von nachhaltiger Wirkung sein wird, hängt von Politiker:innen, den Parteien und ihrem Engagement ab, Inhalt und Form ihrer Entscheidungen und die Vermittlung dieser zu ändern. Menschen, die die Meinung vertreten, dass Regierende ihre Interessen nicht vertreten, sondern im Auftrag mächtiger Kreise agieren, Handlanger eines bösen Planes sind, die Menschen zu unterjochen, auszubeuten oder gar zu vergiften, werden auch nach dem Ende der Pandemie nicht „superzufrieden mit den Regierenden sein und vollstes Vertrauen ihnen gegenüber haben. Mit dieser Entfremdung wird man sich beschäftigen – und Vertrauen zurückgewinnen – müssen", lautet die Empfehlung des Rechtsextremismus-Forschers.[46]

Es gibt gute Gründe, über den feindseligen Ton und die abstrusen, geschichtsverleugnenden und verschwörungstheoretischen Inhalte der Demonstrationen besorgt zu sein. Der Chef der Direktion für Staatsschutz und Nachrichtendienst (DSN), die das Bundesamt für Verfassungsschutz und Terrorismusbekämpfung (BVT) abgelöst hat, bezeichnete die rechtsextreme Szene bei den Anti-Corona-Maßnahmen-Demonstrationen als die „aktuell größte Sicherheitsbedrohung" – neben islamistisch-extremistischen Einzeltätern. Geordnete Proteste seien zwar legitim, doch der Radikalisierung gewaltbereiter Maßnahmengegner:innen werde der Staatsschutz „entschieden entgegentreten", sagte DSN-Direktor Omar Haijawi-Pirchner.[47]

Bei den Corona-Demonstrationen gab es nach Angaben der Landespolizeidirektion im Jahr 2021 exakt 157 Festnahmen und 11.074 Anzeigen. Durchschnittlich waren rund

1000 Beamte pro Demonstration im Einsatz.[48] Dabei zeigte sich immer wieder, dass auch die Ordnungshüter:innen ein Spiegelbild der Gesellschaft darstellen. So tauchten Transparente auf den Demos auf, denen zufolge auch uniformierte Polizist:innen in den Zügen mitmarschierten und gemeinsam mit Demonstrant:innen posierten. Video-Aufnahmen in sozialen Medien würden das zeigen.[49]

Aber gleichzeitig muss man sich bewusst machen, dass die Proteste von immer noch einer Minderheit auch ein Frühwarnsystem für die Politik sind. Sie sind ein Testfall für die Frage, was die Demokratie aushalten kann, wo die Grenzen der Toleranz liegen und vor allem, wie das Vertrauen in die Politik und das politische System wieder hergestellt oder zumindest verbessert werden kann.

Bei aller Sorge vor der Radikalisierung der Anti-Corona-Kundgebungen und der Präsenz rechtsextremer Gruppen, gilt das Demonstrationsrecht in Österreich – wie auch in anderen Mitgliedsländern der EU – als ein sehr kostbares Gut der Demokratie und es ist rechtlich abgesichert. Die Versammlungsfreiheit ist ein Grundrecht und steht somit unter besonderem Verfassungsschutz. Die Versammlungsfreiheit wird durch Art 12 Staatsgrundgesetz (StGG) sowie Art 11 der Europäischen Menschenrechtskonvention (EMRK) gewährleistet. Eine weitere Rechtsgrundlage findet sich in Art 12 der Grundrechtecharta der Europäischen Union.

## Rechtsextreme Straftaten sind im Jahr 2021 stark gestiegen

Alarmierend für alle Demokrat:innen ist der starke Anstieg rechtsextremer Straftaten im Zuge der Proteste gegen die Corona-Maßnahmen im zweiten Pandemie-Jahr 2021. Das Innenministerium gab 1053 Tathandlungen mit einschlägigem rechtsextremem Hintergrund bekannt, im Jahr 2020 waren es 895 gewesen.[50] Davon waren 816 explizit rechtsextreme Tathandlungen (2020: 697), 66 rassistische (2020: 104), 52 antisemitische (2020: 36) und neun islamophobe Straftaten (2020: 16). Dazu kamen 102 unspezifische, aber dem rechten Spektrum zuordenbare Tathandlungen, im Jahr 2020 zählte das Innenministerium 42 Fälle. Enorm gestiegen ist auch die Zahl der Personen, die wegen Verstoßes gegen das Verbotsgesetz angezeigt wurden – von 801 Anzeigen im Jahr 2020 erhöhte sich die Zahl 2021 auf 998 Anzeigen. Trauriger Spitzenreiter in der Statistik rechtsextremer Tathandlungen ist laut dem Innenministerium das Bundesland Oberösterreich mit 224 Fällen im Jahr 2021 (2020: 187).

Als besorgniserregend gilt im Jahr 2021 auch die Häufung von Waffenfunden in der rechtsextremen Szene in Österreich.

## Judenstern bei Corona-Demo: Verurteilung nach dem Verbotsgesetz

Erstmals kam es am 10. März 2022 zu einer Verurteilung nach dem Verbotsgesetz von zwei Männern, die bei einer Demonstration gegen die Corona-Maßnahmen im September 2021 in Wien einen Judenstern aus gelbem Filz mit der Aufschrift „ungeimpft" getragen hatten.

Die Staatsanwaltschaft hatte den beiden Männern vorgeworfen, die Verbrechen des Nationalsozialismus verharmlost zu haben.

Einer der Angeklagten, ein 34-jähriger Wiener, hatte die Sterne vor der Demonstration selbst aus dem Filz seiner Tochter gebastelt und einen Stern einem 50-Jährigen im Burgenland lebenden ehemaligen Arbeitskollegen gegeben. Dieser hatte gegenüber der Polizei angegeben, sich als Ungeimpfter „wie die Juden damals im Zweiten Weltkrieg" zu fühlen. Die Angeklagten hätten öffentlich ihre Ansicht zur Schau gestellt, dass die Situation Ungeimpfter mit der Situation der Juden unter dem Nationalsozialismus vergleichbar gewesen sei, stellte die Staatsanwaltschaft Wien fest.

Staatsanwalt Martin Ortner betonte eingangs, dass es nicht um Covid-Maßnahmen und das Recht, dagegen zu demonstrieren gehe, sondern um die Verharmlosung der Verbrechen des Nationalsozialismus. Der Judenstern sei 1941 durch eine Polizeiverordnung eingeführt worden und ein Zeichen des Vernichtungswillens gegen die Juden gewesen. Der Staatsanwalt pochte darauf, dass es sich bei den Angeklagten um Erwachsene handelte, denen bewusst gewesen sei, dass sie einen Vergleich zwischen den Juden unter dem Nationalsozialismus und Ungeimpften ziehen. „Infantilisierende Erklärungen", wie ein Unwissen der Angeklagten, wollte er nicht zulassen.

Das Verbotsgesetz wendet sich gegen eine gröbliche Verharmlosung des Nationalsozialismus. Die Verteidiger stellten infrage, ob das Adjektiv gröblich auf das Verhalten ihrer Mandanten zutraf. Beide bekannten sich deshalb als nicht schuldig.

Der Verteidiger des 50-Jährigen sah den Grund für das Verhalten seines Mandanten in der Politik, die die Gesellschaft gespalten habe.

Beide Männer gaben an, dass ihnen ihr Verhalten heute „extrem" leidtue und sie es keinesfalls wiederholen würden.

Der vorsitzende Richter konfrontierte den Angeklagten, der die Davidsterne gebastelt hatte, mit diversen Vergleichen zwischen NS-Zeit und Gegenwart. Ob es Gesetze zum Verbot der Heirat zwischen Geimpften und Ungeimpften gebe und ob Ungeimpfte einen zusätzlichen Vornamen annehmen müssen, fragte er den 34-Jährigen.

Dieser gab an, nicht nachgedacht zu haben. Er habe aufzeigen wollen, dass er sich unterdrückt gefühlt habe. Weil die Einführung von 2G am Arbeitsplatz zur Diskussion stand, habe er um seinen Job gefürchtet. Im Gegensatz zu Juden im „Dritten Reich" hätte er seine Situation allerdings ändern können, indem er sich impfen hätte lassen, gab er auf Nachfrage des Richters zu.

Staatsanwalt Ortner legte den acht Geschworenen eine milde Bestrafung nahe. Diese beschlossen einstimmig, dass die Angeklagten schuldig seien. Bei einer möglichen ein- bis zehnjährigen Freiheitsstrafe entschieden sie sich schließlich für 15 Monate bedingt. Das Urteil ist nicht rechtskräftig.[51]

### Was bleibt

Wie sich die Anti-Corona-Demonstrationen darstellen, was sie bedeuten und was von ihnen bleiben wird, beschreibt Bini Guttmann, der österreichische Präsident der European

Union of Jewish Students und Mitglied des „Executive representing Future Leadership des World Jewish Congress", in einem Twitter-Tweet vom 26. Februar 2022 sehr anschaulich: „Radikalisierter Egoismus und rohe Bürgerlichkeit sind – neben Antisemitismus, Demokratie-, Medien- und Wissenschaftsfeindlichkeit sowie Verschwörungsideologie – wesentliche Gesichtszüge dieser Szenen."

Für die Zukunft gilt allerdings, dass Wachsamkeit und Vorsicht wünschenswert sind. In Anlehnung an Primo Levi, dem bekannten italienischen Schriftsteller und Holocaust-Überlebenden, sind Wachsamkeit und Vorsicht nicht nur wünschenswert, sondern geboten. Prophetisch schrieb Primo Levi in einem seiner Leitartikel für die Turiner Tageszeitung *La Stampa* im Jahr 1975: „Der Faschismus ist ein Krebsgeschwür, das sich rasch ausbreitet, und eine Wiederkehr bedroht uns. Daher ist es vielleicht nicht unbillig zu fordern: Wehret den Anfängen!" An anderer Stelle in seinem Kommentar warnt Primo Levi mit Blick auf das, was kommen kann, oder was kommen wird, mit dem Satz: „Jedes Zeitalter hat seinen eigenen Faschismus."

## Risse im System, Demokratie unter Druck

Das intransparente Management der Corona-Pandemie auf Bundesebene gepaart mit mangelnder Informations- und Kommunikationsarbeit, die schweren innenpolitischen Turbulenzen des Jahres 2021 (Inseraten- und Chat-Affäre, drei Bundeskanzler, drei Gesundheitsminister, Anm.), das Erstarken rechtsextremer Bewegungen, die Zunahme an Menschen, die an Verschwörungstheorien glauben, ein harter Kern radikaler Impfgegner:innen, das Entstehen der neuen Partei MFG („Menschen, Freiheit, Grundrechte"), ein Zusammenschluss von Impfgegner:innen und Wissenschaftsskeptiker:innen, haben dazu beigetragen, dass die Zufriedenheit der Österreicher:innen mit ihrem politischen System, der repräsentativen Demokratie, erheblich ramponiert ist.

In keinem anderen Mitgliedstaat der EU hat im Laufe des Jahres 2021 der Glaube an einen positiven Zustand der Demokratie so stark abgenommen wie in Österreich. So ging der Anteil der Österreicher:innen, die mit der Arbeitsweise der heimischen Demokratie einverstanden waren, um 19 Prozentpunkte auf 56 Prozent im Vergleich zur Umfrage von November/Dezember 2020 zurück.

Zu diesem nüchternen Schluss kommt eine Eurobarometer-Umfrage zum Thema „Demokratie in der EU", die Anfang Februar 2022 veröffentlicht wurde.[52]

Nur 65 Prozent der Befragten stimmten der These zu, dass ihre Stimme im eigenen Land etwas zähle, ein Minus von 13 Prozentpunkten. Zugleich gaben 52 Prozent (plus 14 Prozentpunkte gegenüber der Umfrage 2020) an, dass sich die Dinge in Österreich in die falsche Richtung entwickeln würden. Der Vertrauensverlust ereignete sich in Österreich vor dem Hintergrund eines relativ hohen Ausgangsniveaus. In ost- und südosteuropäischen Mitgliedstaaten sind die Zufriedenheit mit der Demokratie und das Vertrauen in die nationale Politik noch immer niedriger als hierzulande. Das ist ein schwacher und leider auch einziger Trost.

Die deutlich schlechtere Einschätzung des demokratischen Systems in Österreich und seiner Innenpolitik trübt in Folge den heimischen Blick auf Europa. Auch was die Zufriedenheit mit der Demokratie in der gesamten Europäischen Union angeht, hat Österreich nachgelassen: So erhöhte sich die Anzahl der Unzufriedenen im Jahresvergleich um zehn Prozentpunkte auf 49 Prozent.

### Gerade noch „volle Demokratie"

Auch das Analyse-Unternehmen „Intelligence Unit" der britischen „Economist"-Gruppe (EIU), die auch das gleichnamige Magazin herausgibt, stellte Österreichs Demokratie in ihrem Demokratie-Index 2021 kein gutes Zeugnis aus. In dieser Studie steht der Wert 10,00 für ideale demokratische Verhältnisse. Im weltweiten Vergleich kommt Norwegen im Jahr 2021 mit 9,75 Punkten dem Idealwert am nächsten (2015: 9,93 Punkte). Mit der Pandemie ging hier nur ein relativ kleiner Rückgang einher. Deutschland entwickelte sich sehr stabil und liegt bei 8,67 (2015: 8,64). In der Schweiz ist der Wert auf unter neun gesunken, beträgt jedoch immerhin 8,90 (2015: 9,09).

In Österreich geht es mit der Demokratie schon länger nach unten. 2015 belief sich der Indexwert auf 8,54, im Jahr 2021 erreichte Österreich nur noch die Punktzahl von 8,07. Das ist mittlerweile schon ein unterdurchschnittlicher Wert für Westeuropa von 8,22 (2015: 8,54) – und ergibt gerade noch eine Zuordnung zur EIU-Kategorie „volle Demokratie". Frankreich gilt mit 7,99 bereits als „fehlerhafte Demokratie".

Was setzt Österreich so zu? Der Demokratie-Index ergibt sich aus fünf Einzelbewertungen. Für „Wahlen und Pluralismus" gibt es von EIU immerhin 9,58, für politische Partizipation 8,89 und für bürgerliche Freiheiten 8,24. Sehr gering sind dagegen die Werte für „Funktionieren der Regierung" mit 6,79 und „politische Kultur" mit 6,88.[53]

Im Analyseteil des EIU-Berichtes wird Österreich mehrfach erwähnt. Und zwar im Zusammenhang mit populistischen Parteien, die weiterhin auf Migrationsthemen setzen,

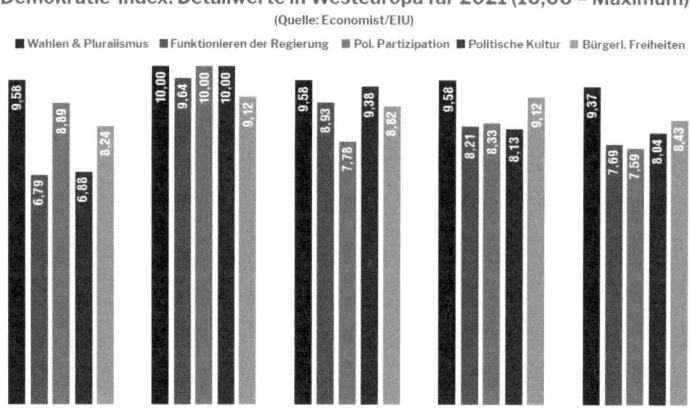

**Demokratie-Index: Detailwerte in Westeuropa für 2021 (10,00 = Maximum)**
(Quelle: Economist/EIU)

■ Wahlen & Pluralismus  ■ Funktionieren der Regierung  ■ Pol. Partizipation  ■ Politische Kultur  ■ Bürgerl. Freiheiten

| | Österreich | Norwegen | Schweiz | Deutschland | Durchschnitt |
|---|---|---|---|---|---|
| Wahlen & Pluralismus | 9,58 | 10,00 | 9,58 | 9,58 | 9,37 |
| Funktionieren der Regierung | 6,79 | 9,64 | 7,78 | 8,21 | 7,69 |
| Pol. Partizipation | 8,89 | 10,00 | 8,93 | 8,33 | 7,59 |
| Politische Kultur | 6,88 | 10,00 | 9,38 | 8,13 | 8,04 |
| Bürgerl. Freiheiten | 8,24 | 9,12 | 8,82 | 9,12 | 8,43 |

aber auch mit der Frustration vieler Menschen über die Corona-Beschränkungen. Andererseits ist auch die Einführung der Impfpflicht mit Februar 2022 angeführt. Das weist darauf hin, dass nicht nur die Regierung, sondern auch Teile der Opposition, vor allem die FPÖ unter Herbert Kickl, den Demokratie-Abbau in Österreich forcieren, lautet die Einschätzung der „Intelligence Unit" in ihrem Demokratie-Bericht 2021.[54] Der Demokratie-Index wird seit 2006 jährlich veröffentlicht.

Eine Verbesserung ist für Österreich nicht in Sicht. Der jährliche Demokratiebericht der renommierten schwedischen Universität Göteborg, der vom Varieties of Democracies-Institut (V-Dem) erstellt wird, stuft Österreich 2022 zurück. Es verliert den Platz in der Premium-Kategorie einer „liberalen Demokratie". Laut der 3700 Forscher:innen, die auf 60 Seiten ihre Ergebnisse präsentierten, findet sich das korruptionsgeschüttelte Österreich nur mehr in der zweithöchsten Kategorie einer „Wahldemokratie".[55]

Neben Portugal, Ghana und Trinidad und Tobago muss sich Österreich nun mit der Abstufung zu einer „Wahldemokratie" zufriedengeben. Im Bericht heißt es, dass es in Österreich einen deutlichen Rückgang bei transparenten Gesetzen und deren Durchführung gegeben habe.

Unter „Wahldemokratie" wird verstanden, dass man zwar seine Stimme bei Wahlen regelmäßig und frei abgeben kann, jedoch im Land auch Intransparenz und Korruption herrschen. Insgesamt unterscheidet der Demokratiebericht vier Kategorien: „Liberale Demokratien", „Wahldemokratien", „Wahlautokratien" und „geschlossene Autokratien".

Die höchste Gruppe der „Liberalen Demokratien" führen, wie in vielen anderen Rankings, die skandinavischen Staaten an. Schweden liegt in der Liste vor Dänemark und Norwegen. Costa Rica und Neuseeland folgen auf den Plätzen vier und fünf. Österreich findet sich auf Rang 26 des LDI (Liberal Democracy Index). Russland und Belarus gelten in diesem Bericht noch als „Wahlautokratie". Schlusslichter sind Eritrea, Nordkorea, Vietnam und Afghanistan, deren Systeme als „geschlossene Autokratie" bezeichnet werden.

### „Systemvertrauen auf dem tiefsten Punkt"

Erschütternd für jede Demokratin und jeden Demokraten sind auch die Umfrage-Ergebnisse des Wiener Meinungsforschungsinstituts SORA (Institute for Social Research and Consulting). Der Österreichische Demokratie Monitor zeigt, dass „das Systemvertrauen auf dem tiefsten Punkt seit Erhebungsbeginn" ist. „Derzeit sind beinahe sechs von zehn Menschen, konkret 58 Prozent, davon überzeugt, dass das politische System in Österreich weniger oder gar nicht gut funktioniert", heißt es in einer SORA-Presseunterlage vom 14. Dezember 2021 mit dem Titel „Vertrauen im Keller – Demokratie unter Druck".[56] Nur 41 Prozent fanden, dass das politische System in Österreich „sehr gut" oder „ziemlich gut" funktioniert. Diese Werte wurden in einer repräsentativen Befragung vom 22. November bis 3. Dezember 2021 durchgeführt. Damit konnten auch die Auswirkungen der Inseraten-Affäre und der sich zuspitzenden Pandemie (vierter Lockdown) sowie der Beschluss der Bundesregierung, die Impfpflicht mit Februar 2022 einzuführen, eingeschätzt werden.[57]

Laut SORA ist das Vertrauen in das politische System in allen Bevölkerungsgruppen gesunken, der Vertrauensverlust fällt im oberen und mittleren Drittel der Gesellschaft jedoch stärker aus als im unteren Drittel. Das Systemvertrauen lag „deutlich unter dem Wert des Vorjahres (2020). Die im Herbst 2021 erst so richtig ins Rollen gekommene Inseraten-Affäre und der erneute Lockdown haben die Entwicklung noch einmal verschärft".[58]

Im unteren Drittel der Gesellschaft ist das Vertrauen in das politische System geringer, nur 31 Prozent glauben, dass das politische System funktioniert. Deutlich größer ist das Vertrauen in den oberen Gesellschaftsschichten, in der Mitte sind es 42 Prozent, im oberen Drittel 54 Prozent.

Gepaart mit der ökonomischen Unsicherheit gehen „Erfahrungen von Ungleichwertigkeit und fehlender Repräsentation einher, die dem demokratischen Prinzip der politischen Gleichheit widersprechen und mit dem geringen Vertrauen in Zusammenhang stehen", interpretiert SORA die Zahlen, wonach die überwiegende Mehrzahl der Menschen im unteren Drittel sich als „Menschen zweiter Klasse behandelt fühlt" (84 Prozent der Befragten). Vier Fünftel (79 Prozent) von ihnen sehen sich im Parlament nicht vertreten. Ein knappes Fünftel (18 Prozent) gibt an, dass politische Entscheidungen hin und wieder ihre Lebensumstände berücksichtigen.

Zu einem Vertrauensverlust und der Erfahrung von politischer Ohnmacht während der Pandemie und der damit zusammenhängenden Maßnahmen zur Corona-Bekämpfung ist es auch im mittleren und oberen Drittel der Gesellschaft gekommen, stellt der Demokratie Monitor von SORA fest.

## Korruptionsproblem

Die SORA-Umfrage für den Demokratie Monitor von November und Dezember 2021 ergab, dass rund 90 Prozent der Menschen davon überzeugt sind, dass die österreichische Politik ein Korruptionsproblem hat. Dabei wird Korruption nicht nur mit einzelnen Personen oder Parteien verbunden: 41 Prozent der Menschen gehen davon aus, dass das, was die Chats rund um Sebastian Kurz gezeigt haben, typisch für alle Parteien seien. „Den Schaden derartiger Entgleisungen politischer Eliten tragen also nicht nur die direkt Beteiligten, sondern das gesamte politische System."[59]

Trotz der Unzufriedenheit mit dem politischen System konstatiert SORA, dass die große Mehrheit noch von der Demokratie überzeugt ist. Knapp neun von zehn Menschen (88 Prozent) stimmen der Frage zu, wonach die Demokratie die beste Staatsform ist, auch wenn sie Probleme mit sich bringen mag. Dieser Zuspruch hat sich seit dem ersten SORA Demokratie Monitor im Jahr 2018 kaum verändert. „Das grundlegende demokratische Bewusstsein der Bevölkerung ist also nicht so leicht zu erschüttern", heißt es von Seiten des Meinungsforschungsinstitutes.[60]

Hand in Hand mit dem Bekenntnis zur Demokratie als beste Staatsform gibt es die weit verbreitete Forderung nach Stärkung der Demokratie. Auf die Frage: „Was braucht die

Demokratie in Österreich, damit sie in den kommenden Jahren gut funktioniert?", antworteten knapp zwei Drittel der Befragten (64 Prozent), dass sie „mehr Transparenz im Regierungshandeln" verlangen. Gut die Hälfte (56 Prozent) will eine „grundlegende Änderung der politischen Kultur von Politikern und Politikerinnen". Mit einer neuen politischen Kultur verbinden die Befragten Ehrlichkeit, Respekt vor Justiz, Respekt vor dem politischen Gegenüber, Arbeit für das Land und nicht für den Freundeskreis, weniger Machtdenken und mehr Unrechtsbewusstsein. Mit Blick auf die Checks und Balances einer Demokratie sprechen sich 58 Prozent der Befragten für eine „unabhängige Justiz" und 40 Prozent „für mehr Oppositionsrechte" aus.

So positiv die hohe Zustimmung zur Demokratie als bester Staatsform auch sein mag, Vorsicht ist angebracht: Die Studienautorin des Demokratie Monitors, Martina Zandonella, warnt in ihrem Bericht vor Entwicklungen auf Seiten der Bevölkerung, welche die Demokratie unter Druck setzen.

Erstens wird die Distanz der Menschen zu den politischen Eliten größer. In der SORA-Umfrage von November und Dezember 2021 findet ein Viertel der Befragten (25 Prozent) die eigenen Lebensumstände und politischen Anliegen in keiner Partei wieder, im Jahr 2018 waren es noch halb so viele, nämlich 13 Prozent.[61]

Auch wenn zum Abschluss dieses Buches (Anfang Juni 2022) noch keine seriösen Umfragen zu den neuesten Entwicklungen in Europa, dem Angriffskrieg Russlands auf die Ukraine, den enormen Preissteigerungen bei Energie und Lebensmitteln vorlagen, ist anzunehmen, dass die Unzufriedenheit mit der Performance der Parteien und der Bundesregierung stärker werden dürfte.

Ausdruck zunehmender Distanz und zunehmenden Misstrauens gegenüber der Demokratie ist unter 40 Prozent der Befragten die Vermutung, dass streng geheime Organisationen Einfluss auf politische Entscheidungen haben könnten.

Zweitens machen sich bei einem Teil der Menschen mit geringem Systemvertrauen auch Zweifel an der Demokratie selbst bemerkbar. Nur 47 Prozent der Befragten dieser Gruppe stimmt der Aussage zu, dass die Demokratie die beste Staatsform sei.

Demokratiepolitisch ist diese Information insofern relevant, als dass sie auf eine Spaltung zwischen dem unteren Drittel und dem Rest der Gesellschaft hinweist. „Wird politische Gleichheit zu einem Privileg der Bessergestellten, widerspricht dies der grundlegenden Idee von Demokratie. Demokratinnen und Demokraten können diesen Befund nicht länger ignorieren", erklärt Martina Zandonella.[62]

Die Meinungsforscherin macht darüber hinaus auf eine zweite Spaltungslinie aufmerksam: Diese verläuft zwischen den knapp zehn Prozent der sich verfestigenden Autoritären und dem Rest der Gesellschaft, 2018 waren es sieben Prozent. Weiterführende Analysen zeigen, dass es weitere 15 Prozent sind, die mit den erwähnten zehn Prozent die „Ablehnung der Pandemie-Maßnahmen teilen" und deren „Demokratievorstellungen autoritäre Züge haben". Die verbleibenden 75 Prozent der Bevölkerung unterscheiden sich wiederum hinsichtlich ihrer Einstellung zu den Anti-Corona-Maßnahmen: Rund 50 Prozent davon unterstützen diese Pandemie-Regelungen, rund 25 Prozent sind dagegen. Was diese beiden Gruppen allerdings verbindet, ist die Forderung nach einer Stärkung der Demokratie. Martina Zandonella sieht darin eine „Herausforderung, hier das Gemeinsame vor das Trennende zu stellen, um eine sichtbare Mehrheit gegen antidemokratische Umtriebe auf die Beine zu stellen".[63]

### Harter Kern für „starken Führer"

Als Fazit fasst SORA zusammen, dass es im Jahresvergleich (2018 bis 2021) zwar keine „generelle Zunahme an autoritären Einstellungen zu beobachten ist". Aber: „Die jeweils knapp zehn Prozent der Bevölkerung, die sich über die Erhebungsjahre hinweg eindeutig für einen ‚starken Führer' aussprechen, verfestigten im Verlauf der Pandemie jedoch ihr Gedankengut." Dass die Pandemie hier Auswirkungen hat, zeigen die Themen, die diesen harten Kern antreiben: „Als ihr dringendstes politisches Anliegen nennen praktisch alle eine Variante von Gegnerschaft zu den Pandemie-Maßnahmen beziehungsweise zur Covid-Impfung."[64]

## Wiens Bürgermeister Michael Ludwig: „Führen heißt, dass man eine Linie vorgeben muss. Und das setzt nun einmal voraus, dass man eine Linie hat"

Es ist ein kalter Vormittag, wir schreiben Donnerstag, den 17. März 2022: Michael Ludwig nimmt am großen ovalen Tisch des Konferenzsaales im Wiener Rathaus Platz. Vor ihm ein Glas Wasser, ein Stift, Unterlagen und ein Schreibblock. Am Ende des herrschaftlichen Zimmers mit seinen funkelnden Kristallleuchtern befindet sich ein riesiger Fernsehschirm. Der hohe, holzgetäfelte Raum mit beiger Mustertapete und klassischem Sternparkettboden ist seit mehr als zwei Jahren das Zentrum für das Corona-Krisenmanagement des Bürgermeisters von Wien.

Bevor Michael Ludwig Entscheidungen über Maßnahmen zur Eindämmung der Pandemie trifft, folgt der studierte Historiker einem Prinzip: Er vertraut der Wissenschaft, den Einschätzungen der Expert:innen, und er hält an Daten und Fakten fest. „Ja, ich habe einen eigenen Stab für meine Beratung als Bürgermeister und auch für die Wiener Stadtregierung eingerichtet. Entscheidend war für mich, Experten aus den verschiedensten Fachbereichen, aber auch Praktiker aus den Spitälern und Pflegeeinrichtungen zu konsultieren, die sagen, wie es vor Ort ausschaut. Mir war wichtig, dass in diesem Beraterkreis eine Atmosphäre vorherrscht, in der man kontroversiell diskutieren kann und wo jedes Mitglied dieser Gruppe seine Meinung äußert und auf keinen Fall mir nach dem Mund redet."

Damit steckt Michael Ludwig die Rahmenbedingungen seines Expert:innengremiums ab: Der Stab agiert unabhängig und wird von der Politik nicht instrumentalisiert. „Ich habe manchmal den Eindruck gehabt – nicht in Wien, aber in anderen Gebietskörperschaften –, dass die Kommunikation zwischen Politik und Experten oftmals eine war, wo das gesagt worden ist, was Politiker hören wollten. Allen Experten hier in Wien, die im Stab mitarbeiten und mich beraten, bin ich für ihre Offenheit sehr dankbar. Das sind Top-Leute, die auch für Bundeszwecke ausgeliehen werden und die öffentliche Diskussion in den Medien dominieren. Das zeigt mir, dass wir in Wien ein großes Potenzial von Experten aus allen Fachgebieten haben."

Aber wer sind nun die angesehenen Ärzt:innen, die Spitalsmanager:innen, Statistiker:innen, Modellrechner:innen und Komplexitätsforscher:innen, die dem Stadtchef für schwierige Entscheidungen in der Corona-Politik zur Seite stehen: Universitätsprofessor Christoph Wenisch, der Leiter der Infektionsabteilung der Klinik Favoriten, der Lungenspezialist Arschang Valipour von der Klinik-Nord, die Leiterin der Gynäkologie- und Geburtshilfe-Abteilung der Klinik Ottakring, Universitätsprofessorin Barbara Maier, der medizinische Leiter des Wiener Gesundheitsverbundes, Michael Binder, der Statistiker Erich Neuwirth sowie der Komplexitätsforscher und Wissenschaftler des Jahres 2021, Peter Klimek. Sie alle gehören zu den Berater:innen des Bürgermeisters, mit denen er sich regelmäßig trifft. Zum inneren Kreis zählen auch die zuständigen Stadträt:innen, die für die Umsetzung der Beschlüsse verantwortlich sind, hohe Beamt:innen der Stadtverwaltung sowie engste Mitarbeiter:innen und Vertraute. Je nach Themenlage und Dringlichkeit kann das hochkarätige Gremium bis zu 20 Personen umfassen. Mit ihnen ist Michael Ludwig in ständigem Austausch, wenn es sein muss, rund um die Uhr. Entweder in direktem Kontakt am großen Tisch des Krisenzentrums oder per Video zugeschaltet. In der Pandemie haben sich hybride Online-Meetings bewährt.

Kommen wir zurück zum Donnerstag im März, an dem die Köpfe im Rathaus rauchen. Es ist zu erwarten, dass Wien von seinem Recht Gebrauch macht und die von Michael Ludwig und seinem Expert:innenstab oftmals als zu locker bezeichneten Corona-Regeln der Bundesregierung ein weiteres Mal anpasst und nachschärft. Steigende Infektionszahlen machen ein drastischeres Vorgehen der Stadt Wien nötig. Wie so oft während der Pandemie berät sich das Oberhaupt der Millionenmetropole mit seinem Expert:innenstab über die nötigen Maßnahmen und gibt den Wiener Weg, auch gegen Widerstände des Bundes, der Länder und der Wirtschaft, vor.

Dabei gibt es mehrere kritische Aspekte zu beachten und im Auge zu behalten: die Gesundheit der Bevölkerung, den reibungslosen Ablauf der Krankenhausversorgung sowie das Funktionieren der Stadt als Ganzes mit ihren Einrichtungen der kommunalen Daseinsvorsorge und der Dienstleistungen. Michael Ludwig ist bewusst, dass durch die härteren Maßnahmen der Stadt Wien und die Einschränkungen der Lockdowns viele Gewohnheiten aufgegeben, viele soziale Kontakte und Aufenthalte in den Parks unterlassen werden mussten.

Schmerzlich erfuhren das viele Wiener:innen gleich am Beginn der Pandemie, am Höhepunkt der ersten Welle im März 2020, als die damalige Landwirtschaftsministerin Elisabeth Köstinger (ÖVP) die Bundesgärten in Wien geschlossen hatte und Spaziergänge an der frischen Luft im Grünen nur mehr in Parks der Stadt Wien möglich waren.

Von den Sticheleien der Bundesregierung gegenüber Wien ließ sich der Bürgermeister während der Pandemie nicht beirren. Er hielt an dem von ihm eingeschlagenen Kurs fest und beschreibt seine Aufgabe und Verantwortung mit folgenden Worten: „Wenn man in einer verantwortungsvollen Funktion ist – das gilt für Politik, Wirtschaft und andere Lebensbereiche –, dann muss man führen. Führen heißt, dass man eine Linie vorgeben muss. Und das setzt nun einmal voraus, dass man eine Linie hat."[65]

In vielen Diskussionen und Besprechungen mit seinen Expert:innen und den Mitgliedern der Stadtregierung, orientiert an dem Wissen der Fachleute und seinen eigenen langjährigen Erfahrungen in der Politik, trifft Michael Ludwig die Entscheidungen und kommuniziert sie danach – direkt, offen und verständlich. Kenner der Rathauspolitik beobachteten, dass seine weisungsgebundenen Beamt:innen oftmals Mühe hatten, den Beschlüssen zu folgen, Tempo zu halten, Verordnungen umgehend zu erlassen und die Maßnahmen rasch zu konkretisieren.

## „Es hat keinen Lebensbereich gegeben, der nicht von Corona betroffen war"

Keine Frage, die Bewältigung der Corona-Pandemie mit ihren vielfältigen Auswirkungen war „die größte Herausforderung" in der bisherigen Amtszeit des Bürgermeisters, wie er selbst bekennt. Corona stellte alles auf die Probe, das gefährliche Virus tangierte die gesamte Politik und den Alltag der Menschen: „Es hat keinen Lebensbereich gegeben, der nicht von Corona betroffen war. Und von daher war mir das Wichtigste, die Gesundheit der Menschen und das Funktionieren der Stadt im Fokus zu haben und, falls notwendig, andere, auch wichtige Themenbereiche, hintanzustellen." Der Kampf gegen die Pandemie gehörte über viele Monate zur obersten politischen Priorität. Allerdings, das bestätigen alle Expert:innen: Corona ist noch nicht vorbei.

In all der Zeit war für Michael Ludwig wesentlich, dass politische Entscheidungen nachvollziehbar waren und den Menschen präzise und verständlich erklärt wurden. Nur so konnten diese auf breiter Basis akzeptiert werden. Die Stadt Wien setzte auf die Vernunft ihrer Bürger:innen, die Verantwortung jedes Einzelnen und auf das Vertrauen der Bürger:innen gegenüber der Stadtpolitik, wie der Wien-Chef betonte.

Die Pandemie hat deutlich gezeigt: Eine große Mehrheit unterstützte die Maßnahmen gegen Corona, der Zusammenhalt der Menschen in Wien war groß. Dazu trug auch die Handlungsfähigkeit der kommunalen Verwaltungen in der Krise bei. Die Systeme der Daseinsvorsorge arbeiteten ohne Unterbrechung: Wasser- und Stromversorgung liefen wie gewohnt, der

Müll wurde regelmäßig entsorgt, Busse und U-Bahnen fuhren im Takt – auch in Zeiten mit den höchsten Infektionszahlen und krankheitsbedingten Ausfällen. Der Lebensraum Stadt stand zweifellos vor besonderen Herausforderungen, galt es in der Pandemie doch, das Zusammenleben vieler Menschen auf engstem Raum neu zu regeln und zu organisieren.

### „Gut funktionierende Dienstleistungen"

„Das Erfreuliche war, dass wir in Wien sehr gut funktionierende Dienstleistungen haben, nicht nur Verkehr und Energieversorgung, sondern auch das öffentlich finanzierte Gesundheitswesen. Das hat uns während der Pandemie sehr geholfen und Wien auch von anderen Metropolen unterschieden", weist Michael Ludwig nicht ohne Stolz auf die Vorteile der Bundeshauptstadt hin.[66]

Das Anliegen des Sozialdemokrat:innen, den engagierten Ärzt:innenteams und dem Personal in der Pflege zu danken, ist nicht neu. Michael Ludwig wiederholt es bei jedem Gespräch. Aber er hebt auch hervor, dass es nicht immer populär war, jene Menschen zu schützen, die sich in Spitälern und Pflegeeinrichtungen befanden. „Wir wollten vor allem sicherstellen, dass die ältere Generation, die anfänglich besonders von der Pandemie betroffen war, verschont wurde."

Wien gehört zu jenen Metropolen, die sehr schnell auf beunruhigende Nachrichten aus China reagiert hatten, zu einem Zeitpunkt, als noch kein Arzt so genau wusste, wie aggressiv, infektiös und gefährlich das Virus sei, das sich von Wuhan aus rasant rund um den Globus verbreitete. Wien war eine der ersten Städte, in der die Erkrankung offensiv thematisiert wurde. „Ich habe schon am 27. Jänner 2020 einen medizinischen Krisenstab eingerichtet. Genau einen Monat später, am 27. Februar, ist die erste Infektion in Wien aufgetreten. Wir haben in den Spitälern sofort entsprechende Vorkehrungen für infizierte Personen eingerichtet", erläutert der Bürgermeister die ersten Initiativen.

### 600 Millionen Euro Unterstützung von der Stadt Wien

Die Schreckensmeldungen über die rasende Ausbreitung der Infektion rissen nicht ab, innerhalb kürzester Zeit wurde Mitte März 2020 der erste Lockdown über ganz Österreich verhängt. Neben den staatlichen Hilfsprogrammen war es „sofort notwendig, umfassende Maßnahmen für die Wirtschaft und den Arbeitsmarkt zu setzen", erinnert sich Michael Ludwig. „Insgesamt haben wir über 800 Millionen Euro für 50 verschiedene Projekte in mehreren Maßnahmenpaketen zur Verfügung gestellt. Zur Ankurbelung der Wirtschaft wurde noch ein Konjunkturpaket in Höhe von ebenfalls 600 Millionen Euro geschnürt."

Besonders viel Aufmerksamkeit hat der Gastro-Gutschein hervorgerufen. Mitte Juni 2020 erhielten alle 950.000 Wiener Haushalte einen Gutschein über 25 Euro für Single-Haushalte oder 50 Euro für Mehrpersonen-Haushalte. Dieser konnte bei teilnehmenden Gastronomie-Betrieben in Wien bis Ende September 2020 eingelöst werden. Insgesamt wurden 83 Prozent der Gutscheine verwendet und dafür mehr als 30 Millionen Euro an Betriebe ausbezahlt.

Das Konjunkturpaket hat Arbeitsplätze gesichert und neue geschaffen. „Im Dezember 2021 waren in Wien rund 871.000 Personen beschäftigt, um gut 12.000 bzw. 1,4 Prozent mehr als noch vor der Pandemie", referiert Michael Ludwig die Zahlen aus seinem Gedächtnis.

Die Investitionen flossen in den Ausbau des öffentlichen Verkehrs, in die Sanierung und in Neubauten von Schulen, in Betreuungseinrichtungen für Senior:innen sowie in die Errichtung von Sportstätten. „All das hat dazu beigetragen, die Auswirkungen der Corona-Krise so gut wie möglich abzufedern."

So stand die erste Regierungsklausur der neuen sozialliberalen „Fortschrittskoalition" von SPÖ-Bürgermeister Michael Ludwig und NEOS-Chef, Vizebürgermeister Christoph Wiederkehr, am 27. Jänner 2021 ganz im Zeichen der Corona-Krise und den Maßnahmen im Kampf gegen die Pandemie. Dabei lag „unser besonderer Schwerpunkt auf der Unterstützung kleinerer und mittlerer Betriebe sowie der Ein-Personen-Unternehmen, die in erster Linie Hilfen für die Homeoffice-Ausstattung brauchten", erinnert sich Michael Ludwig. Wien war bei Corona-Förderungen auch dann zur Stelle, wenn es von Seiten des Bundes keine Unterstützung gab: „Wir haben Betroffenen aus der Kunst- und Kulturszene geholfen, weil alle Veranstaltungen abgesagt worden waren. Auch bereits ausbezahlte Subventionen an Kultureinrichtungen und Kulturschaffende wurden von der Stadt Wien nicht zurückgefordert. Außerdem gab es eine Ausschreibung für zusätzliche Stipendien an Künstler:innen. Für einzelne Kultursparten wurden besondere Förderungen ausgeschüttet", sagt der Bürgermeister. Das einzige Gebot der Stunde war, den „Kulturbetrieb am Leben zu erhalten".

### „Alles gurgelt" ist international anerkannt

Besonders gefragt und gefordert waren nach dem Ausbruch der Pandemie nicht nur Spitäler, die öffentliche Daseinsvorsorge und die Wirtschaft, sondern auch die Bereiche Wissenschaft, Forschung und Innovation. „Wir haben von Beginn an unsere guten Kontakte zu Universitäten und Forschungseinrichtungen intensiviert und auch genutzt, um Anti-Corona-Strategien im medizinischen Bereich zu entwickeln", betont Michael Ludwig und verweist auf den mittlerweile weltweit bekannten „Gurgeltest". Diese Testmethode wurde in Wien von Expert:innen des Biotech-Center Vienna und Mitarbeiter:innen der Wiener Spitäler entwickelt. In diesem Zusammenhang nennt Michael Ludwig die Wiener Forscherin und Leiterin des Instituts für Labordiagnostik in der Klinik Favoriten, Manuela Födinger: „Sie hat dazu beigetragen, den Gurgeltest als Testformat zu entwickeln." Zu der Entwicklung des Tests trugen auch die bereits im März 2020 erarbeiteten Ergebnisse von Professor Michael Wagner an der Universität Wien und den Forschungsgruppen am Vienna Bio Center bei.[67]

Die Entwicklung und der Einsatz des Gurgeltests erfolgte mit Unterstützung der Wirtschaftskammer Wien, mit privaten Unternehmen wie Lifebrain sowie der finanziellen Hilfe der Stadt Wien, die Gelder für die Forschungen am Gurgeltest aus mehreren Fördertöpfen ausschüttete. Zusätzlich wurden aus dem medizinisch-wissenschaftlichen Bürgermeister-Fonds zweimal je eine Million Euro zur Verfügung gestellt. Geld floss auch aus dem Wiener Wissenschafts-, Forschungs- und Technologiefonds für Universitäten und Forschungseinrichtungen.

Mit dem Slogan „Alles gurgelt" wurde der Test innerhalb kürzester Zeit zum einfach handhabbaren unbürokratischen Instrument, um festzustellen, ob eine Infektion vorliegt oder nicht. „Aus der ganzen Welt sind Delegationen nach Wien gekommen, um sich über den Gurgeltest zu informieren oder den Test auch zu übernehmen", freut sich der Bürgermeister und betont einmal mehr, was mit den Tests erreicht werden konnte.

Erstens konnten dadurch Infizierte sehr früh festgestellt und aus der Infektionskette herausgenommen werden. Zweitens konnten Mutationen frühzeitig erkannt werden. „Wir waren die ersten in Österreich, die die Delta- und später die Omikron-Variante identifiziert haben", berichtet Michael Ludwig. Und außerdem gibt es Medikamente, mit denen Infizierte sehr gut behandelt und vor schweren Verläufen geschützt werden können.

Die Testungen hatten auch einen „großen volkswirtschaftlichen Nutzen", betont der Bürgermeister. „Unnötige Krankenstände wurden dadurch verhindert, 30 Prozent der Infizierten konnten sich frühzeitig freitesten. Dem Wiener Gesundheitssystem wurden dadurch Kosten erspart. Für die Zeit der Delta-Welle von Oktober bis Dezember 2021 schätzt man 38 bis 42 Millionen Euro an Einsparungen."

Am Forschungsstandort Wien wurde aber nicht nur der Gurgeltest entwickelt, sondern auch Medikamente gegen das

Virus. „Die Zusammenarbeit von privaten Unternehmen mit wissenschaftlichen Einrichtungen und der Stadt Wien ist ein besonderer Vorteil und stärkt die kommunale Wirtschaftskraft." Die innovativen Entwicklungen tragen zum positiven Image des internationalen Wirtschaftsstandortes bei und schaffen zukunftsweisende Arbeitsplätze.

### „Wenn die Bevölkerung versteht, worum es geht, kann eine Krise bewältigt werden"

Eine zentrale Aufgabe des Corona-Krisenmanagements war und ist für Michael Ludwig die richtige Kommunikation. Denn nur, „wenn die Bevölkerung versteht, worum es geht, kann eine Krise bewältigt werden". In der aufgeheizten Atmosphäre steigender Infektionszahlen, überlasteter Intensivstationen und einer besorgten Bevölkerung informierte der Bürgermeister regelmäßig über neue Maßnahmen, ohne zu beschönigen oder zu verunsichern.

Michael Ludwig entwickelte in der Pandemie sein typisches Merkmal eines sachlichen, offenen und transparenten Kommunikationsstils. Die unterschiedlichen Sichtweisen seiner Berater:innen wurden ebenso der Bevölkerung mitgeteilt wie finale Entscheidungen über neue Maßnahmen, die in Wien in der Regel immer härter ausgefallen sind als in den anderen Bundesländern. Die offene und konsequente Kommunikation über Einschränkungen vor den Lockdowns, die nach intensiven Expert:innen-Konsultationen verhängt worden waren, der lautstark geäußerte Ärger des Handels, der Restaurant- und Clubbesitzer:innen und auch teilweise der Bewohner:innen

Wiens änderten nichts an der persönlichen Beliebtheit des Bürgermeisters. Michael Ludwig wurde für schärfere Maßnahmen nicht „bestraft", wie Umfragen zeigen. Er mutete den Bürger:innen einiges zu und setzte auf ihre Urteilskraft. Zustimmung für eine strengere Politik in Sachen Corona – ein Pandemie-Paradoxon.

All dies zeigt: Michael Ludwig scheut sich nicht, gegen die allgemeine Stimmungslage in der Bevölkerung Fakten zu schaffen. Maßnahmen, die er für richtig hält, setzt er schnell um. Bedenken und Widerstände nimmt er wahr, lässt sich in seinen politischen Entscheidungen davon aber nicht leiten.

Selbst beim vierten Lockdown im Dezember 2021, als Gastronomie und Ladenbesitzer um die lukrativen Weihnachtseinnahmen bangten und frustriert waren, weil ihre Geschäfte eine Woche länger gesperrt bleiben mussten als im Rest Österreichs und Konsument:innen verstört reagierten, blieb der Bürgermeister seiner Linie treu und setzte erneut ein Zeichen: „Wir gehen in Wien seit Monaten einen sehr konsequenten Weg. Die Dynamik des Infektionsgeschehens ist in Wien weiterhin hoch", begründete er seine härteren Maßnahmen und Kontrollen für die Wiener Bevölkerung: 2GPlus. Geimpfte und Genesene brauchten für den Besuch im Club, im Kino oder im Theater sowie bei allen Zusammenkünften von mehr als 25 Personen in Innenräumen zusätzlich einen PCR-Test, der nicht älter als 48 Stunden sein durfte. Für Innenräume gab es außerdem eine FFP2-Maskenpflicht. Die Verschärfung der Maßnahmen in Wien wurde von Expert:innen, wie etwa dem Wiener Simulationsforscher Niki Popper oder der Virologin

Dorothee von Laer von der Universität Innsbruck, dringend für ganz Österreich zur Nachahmung empfohlen.

„Der Wiener Weg ist im Laufe der Pandemie zu einer Marke geworden, in Abgrenzung zum Pandemie-Management der Bundesregierung", schreibt der Innenpolitik-Journalist Josef Votzi.[68] Seine Analyse: Hinter dieser Marke steht ein Politiker, dem man lange Zeit nicht diesen Gestaltungswillen und diese Durchsetzungskraft zugetraut hatte.

### „Mensch des Jahres"

Michael Ludwig konnte mit seiner stringenten Corona-Politik in der öffentlichen Meinung punkten und dadurch auch an Vertrauen hinzugewinnen. Selbstbewusst lächelte er Ende 2021 in weißem Hemd und schwarz-rot-gestreiften Hosenträgern vom Cover des *Falter*. Der Sozialdemokrat ist vom unabhängigen Stadtmagazin zum „Mensch des Jahres" gewählt worden. „Wiens Bürgermeister Michael Ludwig meistert die Pandemie", steht in der Unterzeile zum Aufmacher. Um ihn aber nicht nur als Hero zu preisen, wird den Leser:innen auch mitgeteilt, dass er „im Umgang mit Klimaaktivisten versagt" habe. Sozusagen im Doppelpack werden Lob und Kritik gleichermaßen geliefert.[69]

Die Proteste gegen den Bau der Stadtstraße und den Lobau-Tunnel setzten dem Bürgermeister zu. Der anhaltende Widerstand junger Umweltschützer:innen bleibt ein Streitpunkt.

Trotz anhaltender Irritationen von Seiten der Wiener Opposition im Umgang mit den Öko-Demonstrant:innen und des SPÖ-Ärgers über den von Verkehrsministerin Leonore

Gewessler (Grüne) gestoppten Tunnelbaus, setzte Michael Ludwig sein Management in der Corona-Krise unbeirrt fort. Selbstbewusst, gefestigt in den Inhalten und mit überzeugender Kommunikation vermittelte er Standhaftigkeit und Sicherheit, ein hohes Gut in der Pandemie.

Doch was unterscheidet Michael Ludwig von vielen anderen Politiker:innen aus dem Bund und aus den Ländern? Welche Handlungen und Entscheidungen machten die Auszeichnung von Seiten der Falter-Journalisten als „Mensch des Jahres" plausibel und begründbar? „Es war die Corona-Pandemie, die Ludwig vom Stadtvater zum Staatsmann reifen ließ", stellte das Magazin fest.[70]

Als das SARS-CoV-2-Virus wie eine Tsunami-Welle im Frühjahr 2020 über Österreich hereinbrach, entschloss sich Michael Ludwig, wie bereits erwähnt, sehr früh eine eigene Strategie im Kampf gegen die gefährliche Krankheit zu gehen.[71] Das Ergebnis bei der Bürgermeisterwahl, die SPÖ erreichte knapp 42 Prozent der Stimmen, bestärkte Michael Ludwig bei seinem Anti-Corona-Vorgehen. Versuche der Türkisen, die hohen Infektionszahlen in Wien und die Mängel der Regierung bei den Anti-Corona-Maßnahmen gegen den Spitzenkandidaten der SPÖ, Michael Ludwig, zu verwenden, schlugen fehl. Nach der gewonnenen Wahl nahm der alte und neue Bürgermeister das Corona-Krisenmanagement ganz in seine Hände und machte es zur Chefsache.

## Kritik am Zickzack-Kurs des Bundes

Zur wichtigsten Maxime gehörte es, dem Zickzack-Kurs der türkis-grünen Koalition mit ihren wechselnden Bundeskanzlern und deren Marketing- und umfragegeleiteter Politik sowie den ebenfalls wechselnden Gesundheitsministern eine evidenz- und faktenbasierte Entscheidungsfindung und Beschlussfassung entgegenzusetzten. Michael Ludwig hält sich lieber an überprüfbare Zahlen und Daten, an seine konsequente Linie – und nicht an zufällige Stimmungen.

„Ich war von Beginn an der Meinung, man sollte in dieser schweren Krise über Parteigrenzen und Bundesländergrenzen hinweg zusammenarbeiten. Am Anfang hat das funktioniert, die Pandemie ist dann aber sehr schnell politisch instrumentalisiert worden", sagt der Bürgermeister und formuliert gleich zwei Kritikpunkte gegenüber der Bundesregierung, die in unterschiedlichen Konstellationen tätig war und eine erratische sowie unklare Anti-Corona-Politik verfolgt hat: „Nach einer anfänglichen guten Phase ist die Pandemie verpolitisiert worden. Genauer, sie ist verparteipolitisiert worden. Landtagswahlen haben aus verschiedenen Begründungen heraus und mit verschiedenen Auswirkungen immer eine Rolle gespielt. Das halte ich in einer Pandemie für schlecht. Da sollte man nach den Entwicklungen im Gesundheitsbereich vorgehen und nicht nach Wahlterminen."

War die Bundespolitik somit Interessens- und Lobbyorientiert? Bürgermeister Michael Ludwig antwortet diplomatisch: „Ich bin Zeitzeuge vieler Diskussionen, die es innerhalb der Bundesregierung zwischen den Regierungsmitgliedern gegeben hat. Generell kann man sagen, dass Meinungsumfragen und Wahltermine eine große Rolle bei den Entscheidungen der Bundesregierung gespielt haben."

Sein zweiter Kritikpunkt an dem Vorgehen der Bundesregierung ist die „Hü-Hott-Politik, die Auf-Zu-Politik, die dazu geführt hat, dass die Bevölkerung bei vielen Entwicklungen nicht mehr mitgegangen ist. Die Maßnahmen waren einfach zu irritierend. Die Verländerung der politischen Entscheidungen war für viele Menschen schwer nachvollziehbar", erklärt der Bürgermeister. Er hält eben diese „Hü-Hott-Politik" mitverantwortlich dafür, dass die Politiker:innen einen Teil der Bevölkerung auf diesem Weg der Corona-Bekämpfung und der Möglichkeit, sich impfen zu lassen, verloren hat.

### „Krisenerscheinungen im politischen System"

Dazu kommt, dass unterschiedliche Anti-Corona-Maßnahmen populistische Gruppierungen begünstigt haben. Besonders in Erscheinung getreten sind rechtsextreme, nationalistische Verbindungen, die die Pandemie für die Verbreitung ihrer Ideologie instrumentalisiert haben. „Es zeigt sich, dass diese Gesundheitskrise zu Krisenerscheinungen im politischen System geführt hat. Das halte ich für einen sehr negativen Effekt. Gerade in der Pandemie haben wir erlebt, dass sich kleine Gruppen sehr lautstark geäußert haben. Man darf diese Gruppen aber nicht mit der Mehrheit der Bevölkerung verwechseln. Die Mehrheit ist bereit, eine Linie zu unterstützen. Gerade in Wien hat sich gezeigt, dass die Bevölkerung sehr achtsam mit schweren Entscheidungen umgeht", erklärt Michael Ludwig.

Das Vertrauen vieler Menschen in das politische System, in die repräsentative Demokratie, ist während der Pandemie zurückgegangen. Dazu beigetragen haben die zum Teil schwer nachvollziehbaren und nicht selten widersprüchlichen Entscheidungen. „Es fällt den Menschen leichter zu sagen, ich bin zwar gegen eine Maßnahme, aber ich verstehe sie." Noch besser findet es der Bürgermeister, „die Menschen tragen die Entscheidung mit. Das halte ich als politisches Ziel für wichtig. Wenn man ständig wechselnde Signale aussendet, hat es die Bevölkerung schwer, Orientierung zu finden. Von daher halte ich es für notwendig, dass man bereit ist, eine strategische Ausrichtung beizubehalten, auch wenn einem der rauhe Wind entgegenweht". Doch diese Strategie müsse man „ständig hinterfragen", denn es müsse auch möglich sein, „Zweifel zuzulassen".

## Sozialer Schutzwall

Finanzielle Förderpakete für die Wirtschaft, innovative Entwicklungen („Alles gurgelt"), die Errichtung von Teststraßen und Impfzentren über der ganzen Stadt verteilt, Contact-Tracings und spezielle Informationsplattformen für ausländische Communities – Wien hat viel unternommen, um die Pandemie in den Griff zu bekommen. „Die logistischen und finanziellen Herausforderungen in Wien waren groß.[72] Das hat Löcher in die Budgets gerissen." Allein in Wien betrug das Haushaltsminus für das Jahr 2020 rund 1,1 Milliarden Euro. Vor allem die Steuerausfälle trafen nicht nur die Bundeshauptstadt, sondern alle urbanen Zentren schwer.

Die städtischen sozialen Servicestellen – Sozialberatungen, Jugendzentren oder Wohnberatungen – waren während der Pandemie sehr gefragt und gefordert. Wien war aber mit seinen Einrichtungen und seiner sozialen Infrastruktur dafür gewappnet.

Zum sozialen Schutzschild der Stadt gehört nicht nur ein Netz von sozialen Einrichtungen, sondern auch die Mindestsicherung. Anders als andere Bundesländer übernahm Wien nicht das unter der türkis-blauen Regierungskoalition eingeführte Sozialhilfe-Grundsatzgesetz mit generellen Kürzungen oder Deckelungen (Diese Regelung wurde im Übrigen in mehreren Kernbereichen Ende 2019 vom Verfassungsgerichtshof aufgehoben.).

Stattdessen gibt es teils strengere Voraussetzungen, um Menschen schneller in Arbeit zu bringen. So ist etwa die Bereitschaft, eine Beschäftigung oder ein Kursangebot anzunehmen, ein Kriterium für den Bezug von Mindestsicherung. Eine Wartefrist für Zuzügler:innen wurde nicht eingeführt. Im Jahr 2019 beantragten 135.698 Personen die Sozialleistung, das waren um fünf Prozent weniger als im Jahr 2018. Insgesamt gab die Stadt 640,1 Millionen Euro für die Sozialhilfe aus, um 20 Millionen Euro weniger als 2018. Für die Mindestsicherung wurde damit rund ein Drittel des Sozialbudgets der Stadt Wien aufgewendet.[73]

Nicht alle Menschen, die auf Unterstützung angewiesen sind, bekommen die Mindestsicherung in voller Höhe ausbezahlt. 74 Prozent aller Betroffenen waren so genannte „Aufstocker". Das heißt, sie erhielten so wenig Gehalt, Arbeitslosengeld oder Notstandshilfe, dass sie die Mindestsicherung beantragen mussten, um über die Runden zu kommen. Zwölf Prozent waren auf den Vollbezug angewiesen, dieser belief sich bei einer Bedarfsgemeinschaft (zum Beispiel Partnerschaft) auf durchschnittlich 692 Euro pro Monat. Bei den restlichen Beziehern handelt es sich um Kinder, Kranke oder Pensionist:innen. Apropos Kinder: Jedes siebente Kind, also 39.666 Personen bis 14 Jahre, waren im Jahr 2019 auf die Sozialleistung angewiesen.

Zum Erfolg des Corona-Managements der Stadt Wien hat auch ein Netzwerk von 40 Einrichtungen und Organisationen beigetragen, das seit vielen Jahren zusammenarbeitet und regelmäßig Abläufe trainiert, um im Ernstfall Krisensituationen problemlos bewältigen zu können. „Wir haben bei Wien-Energie freiwillige Mitarbeiter gehabt, die wochenlang in Quarantäne ausgeharrt haben, um sicherzustellen, dass kritische Infrastruktur während der Pandemie aufrechterhalten bleibt", nennt Michael Ludwig ein Beispiel für Solidarität und Gemeinwohl. Auch die Wiener Linien funktionierten, obwohl die Straßenbahn- und Buschauffeure einer erhöhten Ansteckungsgefahr ausgesetzt waren.

Die Pandemie rückte die Bereiche Gesundheit, Pflege und Arbeitsmarkt besonders in den Fokus des allgemeinen öffentlichen Interesses. Nicht nur die persönliche Betroffenheit, der Stress und das geringe Einkommen des Personals in Krankenhäusern und Pflege-Einrichtungen sind ernst zu nehmen, auch ihre Finanzierung fordert die Politik. „Die nachhaltige Sicherung der Pflege und Betreuung für die kommenden Jahrzehnte und insbesondere das dafür nötige qualifizierte Personal, wird eine der größten Herausforderungen für Bund, Länder, Städte und Gemeinden", betonte Michael Ludwig im November 2021 in seiner Rede als Städtebundpräsident anlässlich des 70. Städtetages in St. Pölten.[74]

Er ließ keinen Zweifel daran, dass die Pandemie die angespannte Situation im Pflegebereich weiter verschärft hat und Lösungen zwingend notwendig sind. Er appellierte an den Bund, die Städte und Gemeinden bei diesem drängenden Problem zu unterstützen. „Wir brauchen mehr Mittel für die Verbesserung der Arbeitsbedingungen von Pflegekräften, wir brauchen Programme für Umschulung und Weiterbildung sowie Überbrückungshilfen für Personen in Umschulungen."

Rasch und vorausblickend hat der Bürgermeister veranlasst, die Ausbildung im Pflegebereich zu reformieren, um den Beruf attraktiver zu machen, Engpässe zu vermeiden, wie es sie während der Pandemie bei hohen Infektionszahlen, steigender Auslastung der Bettenstationen und reihenweise Ausfällen beim Personal gegeben hat. Mit einem konkreten Plan stärkt die Stadt Wien den Pflegeberuf, über den Michael Ludwig gerne berichtet: „Wir haben Vorkehrungen getroffen, dass wir sehr schnell mehr Mitarbeiter einstellen können. An der FH Campus Wien entsteht derzeit ein Zubau, so dass zusätzliche Lehrgänge für den Pflegeberuf eingerichtet werden konnten. Als Stadt Wien haben wir für die Zeit der Ausbildung 400 Euro pro Monat und pro Schüler zu den sonstigen finanziellen Leistungen vorgesehen, damit die Ausbildung wirtschaftlich gut beendet werden kann. Damit haben wir einen

Anreiz geschaffen, entweder eine Umschulung zu absolvieren oder in den Pflegeberuf einzusteigen. Alle Lehrgänge sind gut ausgelastet."

### „Entscheidungen kritisch hinterfragen"
Was bleibt nach der Pandemie? Und was sind die Erfahrungen? Wie sieht die Post-Corona-Ära aus?

Der Bürgermeister will das Format Expert:innenberatung im Kampf gegen die Pandemie „unbedingt", wie er sagt, fortführen. Auch bei anderen Fachbereichen und relevanten Themen vertraut er auf eine fundierte Beratung durch Fachleute. Allerdings: „Während der Pandemie gab es ständig neue Herausforderungen, die Auseinandersetzung war nie abgeschlossen."

Michael Ludwig ist der „Umgang mit Krisen" und den damit verbundenen Verwerfungen in verschiedenen Bereichen wie Wirtschaft, Soziales und Kultur, der Gesellschaft insgesamt, nicht fremd. Diverse Krisen begleiten seine politische Laufbahn. 2008 und in den Folgejahren war es die Wirtschafts- und Finanzkrise mit hoher Arbeitslosigkeit, 2015 und 2016 kamen viele Flüchtlinge nach Europa. Im Jahr 2020 brach die Pandemie aus, und am 24. Februar 2022 startete Russland den Angriffskrieg in der Ukraine. Dazu kommen aktuell explodierende Preise für Energie und Lebensmittel. Schwer belastet sind Gesellschaft und Politik auch durch die ökologische Katastrophe. In Panik lässt sich Michael Ludwig dadurch aber nicht versetzen. Er bleibt ruhig und erklärt, „die Krisen zum Anlass zu nehmen, die gesamte Politik und die Entscheidungen, die getroffen werden, ständig kritisch zu hinterfragen und anzupassen".

Während der Pandemie warf der Wiener Stadtchef den prüfenden Blick auf die „Struktur der Politik". Das ist eine Umschreibung für den österreichischen Föderalismus. Die Verbesserung der Kooperation der Bundesländer mit der Regierung ist Michael Ludwig ein Anliegen, „um punktgenauer im Interesse der Menschen agieren zu können". Das Zusammenspiel von Bund und Ländern muss endlich effizienter werden – eine Langzeit-Forderung vieler Politiker:innen und Expert:innen. Der Reformbedarf ist groß.

Als eine „positive Erfahrung in der Pandemie" hat der Bürgermeister die gemeinsame Impfstoffbeschaffung durch die EU-Kommission in Brüssel wahrgenommen. „Ich möchte mir nicht ausmalen, wie wir am internationalen Markt als kleines Land gehandelt hätten. Es hat sich gezeigt, wie wichtig es ist, dass die EU gemeinsam handelt, mit einer Stimme spricht, und dass nationale Interessen hintangestellt werden. Was die EU leistet, begreifen jetzt erst viele Menschen."

Was Michael Ludwig nicht hinnehmen will, ist die bisherige Praxis und Abwicklung internationaler Lieferketten. „Wir müssen kritisch hinterfragen, was die Globalisierung für sehr sensible Bereiche, wie die Produktion von Impfstoffen und Medikamente oder die Herstellung von Produkten für den Medizin-Bereich, bedeutet. Mein Argument für ein gemeinsames Europa ist immer, dass wir im internationalen Wettbewerb mit den großen Wirtschaftsblöcken USA, Russland, China und Indien stehen, gleichzeitig diesem Wettbewerb der Großmächte aber nicht ausgeliefert sein dürfen."

### Rechtsextremismus, Gift für die Demokratie

Große Sorge bereiten dem geschichtsbewussten Wiener Bürgermeister und Sozialdemokraten politische Tendenzen, die bei Demonstrationen gegen die Corona-Maßnahmen aufgetreten sind: Rechtsextremismus, Gruppen, die an Verschwörungstheorien glauben, und Menschen, die der Wissenschaft skeptisch oder gar feindlich gegenüberstehen. „Der Rechtsextremismus ist eine Entwicklung, die man besonders im Auge behalten muss. Rechtsextreme haben versucht, die Anti-Corona-Proteste für sich zu vereinnahmen, was zum Teil auch gelungen ist." Zutiefst abschreckend findet es Michael Ludwig, wenn Corona-Leugner:innen eine Diktatur herbeireden und mit dem Tragen eines gelben Sternes auf der Brust oder am Oberarm das Bild verkörpern, sie wären in einer Situation wie Juden in der Nazizeit. „So etwas ist ganz massiv abzulehnen. Dass man das größte Menschheitsverbrechen mit einer Diskussion über eine Impfpflicht vergleicht, halte ich für absolut inakzeptabel, für unredlich, und es verharmlost dieses monströse Menschheitsverbrechen."

Für absurd hält Michael Ludwig, dass die Menschen bei den Protestmärschen den Staat, der ihnen das Recht auf Demonstrationsfreiheit gibt, als „Diktatur" verunglimpfen. „Begriffe wie Freiheit, Demokratie, Pressefreiheit werden von diesen Personen ins Gegenteil verkehrt."

Vorsichtig geht der Bürgermeister mit dem Begriff „Massendemonstration" im Kontext mit Aufmärschen der Corona-Leugner:innen, Impfgegner:innen und Rechtsextremen um. Viele Menschen seien zu den Aufmärschen aus den Nachbarländern gekommen und hätten die Kundgebungen in Wien unterstützt. Eine „Massendemonstration", das ist für den Vorsitzenden der Wiener SPÖ der Aufmarsch seiner Partei am 1. Mai jedes Jahres. „An diesem Tag kommen viele Tausend Menschen auf den Rathausplatz, um Solidarität zu zeigen."

Noch seien Rechtsextreme und radikale Corona-Leugner:innen und Impfgegner:innen eine „lautstarke Minderheit, die sich viel Gehör verschafft, auch weil sie von Medien in ihrer Bedeutung multipliziert werden. Aber sie haben Auswirkungen auf das politische System." Konkret auf die FPÖ und die neue Partei MFG („Menschen, Freiheit, Grundrechte"). Bedenklich findet es Michael Ludwig, dass sich die FPÖ auf diese Bewegung der Impfgegner:innen und Corona-Leugner:innen gesetzt hat. „Ob das für sie strategisch geschickt war, wage ich zu bezweifeln."

### Festhalten am sozialen Zusammenhalt

Fragt man den Wiener Bürgermeister, was für ihn persönlich und für seine Haltung die Konsequenzen und Lehren aus der Pandemie sind, antwortet er, ohne lange darüber nachzudenken: „Weiter sehr stark auf gesellschaftlichen und sozialen Zusammenhalt setzen. Das hat sich in der Pandemie bewährt, und das gilt auch für die Zukunft."

Michael Ludwig weiß aber genau, dass dieser soziale Zusammenhalt nur bestehen könne, wenn einige Voraussetzungen gegeben sind: Dazu zählt er ein „öffentlich finanziertes Gesundheitssystem, wo alle Menschen – unabhängig vom wirtschaftlichen Hintergrund – sehr gut betreut werden. Dazu zählt auch ein stabiles System der Daseinsvorsorge, die das Leben in der Stadt am Laufen hält".

Ein weiteres „tragendes Element" ist für den Bürgermeister der Donaumetropole das System der Sozialpartnerschaft, die sich in der Krise bewährt hat. „Die Sozialleistungen konnten aufrechterhalten werden. Lehrlinge, die plötzlich keinen Lehrplatz mehr hatten, weil der Betrieb in der Pandemie zusperren musste, konnten durch eine gemeinsame Initiative der Wirtschaftskammer, der Arbeiterkammer und der Gewerkschaft in überregionalen Lehrwerkstätten ihre Berufsausbildung beenden und ihre Lehrabschlussprüfung machen. Auch die Landwirtschaftskammer half in der Krise, es gibt in Wien 700 landwirtschaftliche Betriebe mit vielen Angestellten."

Festhalten will Michael Ludwig auch an der guten Zusammenarbeit mit den Religionsgemeinschaften. Die Bilder langer Menschenschlangen, die in der Barbarakapelle im Stephansdom zum Impfen anstanden, werden in Erinnerung bleiben. „In katholischen Kreisen waren nicht alle für die Impfpflicht. Wir haben dadurch Menschen für die Impfung gewonnen, mit dem Argument, dass man sich selber schützt und mit der Nächstenliebe den Anderen schützt."

Eine Impfmöglichkeit bot auch die Israelitische Kultusgemeinde in der Wiener Innenstadt. Ebenso wurde das Vakzin in einer Moschee in Wien-Favoriten verabreicht, wo Ende 2021 eine eigene Impfstraße eingerichtet worden war. „Wir haben eine große Krise gemeinsam bewältigt. Das Miteinander und der Dialog haben uns sehr geholfen", sagt der Bürgermeister.

Wofür er allerdings wenig Verständnis aufbringt, war und ist das „Hick-Hack der Parteien". Das sei auch der Grund, weswegen sich ein Teil der Bevölkerung von der Politik abwendet. „Wenn man ernsthafte Politik machen möchte, muss man sich aus diesem Hick-Hack heraushalten, das schadet der Politik und dem Vertrauen der Menschen in die Politik."

### „Tun, anstatt lange reden"

Wien und seine Stadtverwaltung haben eine Schlüsselfunktion in der Bewältigung der Pandemie und stellten dies von Anfang an unter Beweis. „Wir sind Krisenmanager und Krisenmanagerinnen, wir sind diejenigen, die tun, anstatt lange zu reden. So ist es nun einmal in Wien."

Dieses Engagement und der gesellschaftliche Zusammenhalt führen dazu, dass das Vertrauen in die lokale Politik sehr hoch ist. Das zeigt sich in Umfragen wie dem jährlich veröffentlichten Städtebarometer des Meinungsforschungsinstituts SORA, dass das Vertrauen in die lokale Politik misst und für Wien ein „hohes Vertrauen" ausweist.[75] Bürgermeister Ludwig begründet diesen hohen Vertrauenswert als Resultat „transparenten politischen Handelns, das sichtbar, nachvollziehbar und verständlich ist. Die Menschen spüren das, und sie vertrauen uns. Das ist besonders wichtig in einer Zeit, in der das Vertrauen in Institutionen gefährdet ist, weil schon wieder einige wenige Demagogen Menschen in ihren Ängsten bestärken und Ängste schüren", warnt der Bürgermeister. „Lassen wir nicht zu, dass diese Risse noch tiefer werden, denn der Kitt, der uns zusammenhält, ist Solidarität mit den Schwächeren und die Nächstenliebe."[76]

Was so besänftigend und wohltuend in Krisen klingt und sich auch bewährt hat, steht in der Post-Pandemie-Phase auf dem Prüfstand. Dabei geht es nicht nur um die kommunalen Haushalte, sondern um längerfristige Strategien für resiliente Städte. Was sind die Zukunftsszenarien für eine neue Wahrnehmung des Urbanen nach den Erfahrungen von Lockdowns, Homeschooling, Homeoffice sowie überlasteten Gesundheits- und Pflege-Einrichtungen? Die Zeit der Pandemie hat erneut sichtbar gemacht, welche Mehrarbeit Frauen durch Beruf, Familie, Kinderbetreuung und Hausarbeitet geleistet haben. Die Corona-Krise hat aber auch die Bedeutung der öffentlichen Gesundheitsdienste sowie aller Bereiche der Daseinsvorsorge verstärkt ins Licht gerückt. „Es hat sich klar gezeigt, dass starke öffentliche Systeme mit solchen außergewöhnlichen Belastungen besser zu Rande kommen. Wien hatte den Vorteil, über eine funktionierende Daseinsvorsorge zu verfügen. Das heißt, dass wichtige Bereiche der Grundversorgung – Spitäler, Betreuungseinrichtungen, Feuerwehr, Kindergärten und Schulen, öffentliche Verkehrsmittel, Wasser, Gas, Strom und Müllabfuhr – nicht privatisiert wurden, sondern sich nach wie vor in kommunaler Hand befinden", freut sich Michael Ludwig über eine Stadt, die auch während der strengen Lockdowns einen funktionierenden Alltag gewährleistet hat.

Doch wie geht es weiter?

Die Covid-19-Pandemie und ihre Folgen erzwingen eine Diskussion über die Folgen für Städte als kollektiv hergestellte Räume und der dort in Zukunft zu erwartenden Lebens- und

Aufenthaltsqualität. Die Corona-Krise hat verschiedene Formen spontaner Reaktionen hervorgerufen, die für die Umgestaltung der Stadt wichtig werden könnten. Was unter dem Stichwort „Pop-up-Urbanität" diskutiert wird (Zwischennutzung geschlossener Läden, neue Formen der Mobilität, Zustelldienste) könte Kreativität, soziale Innovation fördern sowie Prozesse der Mitgestaltung und der Veränderung forcieren.

Der Umgang mit den aufgeworfenen Fragen trifft die politisch-planerische Praxis sowie die Wissenschaft nicht unvorbereitet. So liegen in Wien Vorschläge zur Anpassung an den Klimawandel, aber auch die Ausblicke zur Stadtentwicklung im 21. Jahrhundert, die beispielsweise unter den Bezeichnungen „Zukunftsstadt" oder „Cities of Tomorrow" geführt werden, schon längst auf dem Tisch. Zum Auftakt des Jahres 2022 unterzeichneten Michael Ludwig und der Präsident der Wirtschaftskammer Wien, Walter Ruck, eine Zukunftsvereinbarung für Wien, deren zentrale Punkte Klimaschutz, Infrastruktur, Stärkung des Wirtschaftsstandortes, Fachkräfte-Ausbildung und die Unterstützung von Ein-Personen-Unternehmen sowie Start-ups sind.[77]

Wenn über die Zukunft der Stadt nachgedacht wird, kommen noch weitere entscheidende Parameter ins Spiel, besonders die Digitalisierung und das Faktum, dass die demografische Entwicklung, die massiven Klimaveränderungen, aber auch die Arbeitsmöglichkeiten und die vielfältigen Einrichtungen immer mehr Menschen in Städte ziehen lassen. Weltweit leben bereits 75 Prozent der Bevölkerung in urbanen Räumen, und genauso ist es auch in der EU.

Neben der Eindämmung der Corona-Krise betrachtet Bürgermeister Michael Ludwig die Bereiche Ökologie und Klimaschutz, die Digitalisierung und die wachsende Bevölkerung der Stadt als die größten Herausforderungen, denen sich Wien stellt. Wien soll „Digitalisierungshauptstadt" werden und Standort für die Entwicklung innovativer Technologien. Gemäß dem Leitbild „Digitaler Humanismus" steht der Mensch stets im Mittelpunkt dieses Wandels, das heißt, die breite Masse solle von der Digitalisierung und auch der Künstlichen Intelligenz profitieren, betont der Bürgermeister.

Als „Politik der großen Schritte" nennt Michael Ludwig die Antworten Wiens auf den Klimawandel. Zu den wichtigsten Maßnahmen zählt er den Ausbau erneuerbarer Energie, neue oder erneuerte Parks, die Rückführung versiegelter Flächen, Abfallvermeidung, Baumpflanzungen sowie Begrünungs- und Kühlungsmaßnahmen. Das Ziel der Bundeshauptstadt ist ambitioniert: Bis zum Jahr 2040 will die Metropole $CO_2$-neutral sein.

### Die Rolle der Städte in der EU

Bürgermeister Michael Ludwig weist unermüdlich auf die Bedeutung der Europäischen Union für die Städte hin. „Die Zukunft der Europäischen Union liegt in Städten wie Wien".[78] Öffentlich verteidigt er die Rolle der Städte für die wirtschaftlichen Vorteile und die sozialen Fortschritte der EU. „Kinder- und Menschenrechte, Freiheit, Gleichheit, Rechtsstaatlichkeit und Minderheitenrechte sind Teil der EU. Wien wird sich in diesen Punkten – auch gemeinsam mit anderen

Städten – weiter einbringen. Da immer mehr Menschen in Städten leben, kommt ihnen mehr Gewicht bei europäischen Entscheidungen zu", verlangte er künftig mehr Einfluss der Städte und Kommunen auf die Gestaltung und Ausrichtung der EU-Politik.

Aber schon in der Vergangenheit hat Wien seine Stimme in Brüssel erhoben und für Weichenstellung in der EU-Politik gesorgt: „Ein Rückblick auf die vielfältigen Aktivitäten beweist, wie erfolgreich Wiens Auftreten in Europa war. So machte sich Wien zum Beispiel gegen die Liberalisierung der Wasserversorgung und des Personennahverkehrs stark oder arbeitete federführend an der Städte-Agenda für leistbares Wohnen mit", zählt Michael Ludwig die Mitgestaltung der Stadt in Europa-Angelegenheit auf.

Wien, die Stadt an der Donau, hat aber seit dem EU-Beitritt Österreichs im Jahr 1995 auch von Fördergeldern profitiert. Seit 2007 wurden mehr als 500 EU-Projekte umgesetzt.

„In Zukunft", ist Michael Ludwig überzeugt, wird es „umso mehr auf ein starkes und geeintes Europa ankommen, auf einen starken Sozialstaat und eine hochwertige Daseinsvorsorge". Das sei „das beste Rezept gegen den Vertrauensverlust in die Demokratie und für stabile Verhältnisse". Vertrauen in Demokratie und Politik ist für den Wiener Bürgermeister „die wichtigste Währung in Krisenzeiten".

### Handeln nach der Devise „Alles ist möglich"
Michael Ludwig hat nicht nur seinen persönlichen Berater:innen-Stab gehabt, von Anfang an war Wolfgang Müller,

seines Zeichens Magistratsdirektor-Stellvertreter, Chefkoordinator des Corona-Krisenmanagements der Stadt Wien. Er war die logistische Schaltzentrale im Kampf gegen die gefährliche Seuche. Er koordinierte Einsatzkräfte, prüft Resultate der Arbeit, beobachtet die Entwicklung der 7-Tages-Inzidenzen und die täglichen Neuinfektionszahlen und führt die Arbeit der einzelnen Stäbe zusammen.

Wolfgang Müller ist mit seinem Team imstande, eine Teststraße innerhalb von Stunden zu installieren, ein Betreuungszentrum für Covid-Erkrankte von einem Tag auf den anderen zu errichten und einfach all jene Emergency-Maßnahmen umzusetzen, die in einer derart dynamischen Lage immer wieder erforderlich werden. Seine Philosophie „Alles ist möglich" stellte er gleich zu Beginn der Pandemie, im März 2020, unter Beweis. Als sich in Italien und Spanien die Krankenhäuser mit Covid-19-Infizierten füllten, die Corona-Todesfälle sich häuften, Kühlhäuser mit Leichen gefüllt waren und Särge in Hallen lagerten, war man weltweit äußerst alarmiert. Die Bilder von Bergamo und den Vororten von Madrid sind noch allen in schrecklicher Erinnerung.

Auch Wien musste sich auf das Schlimmste vorbereiten. 3000 bis 5000 Krankenbetten würden womöglich zusätzlich gebraucht. „Wir haben ein Planungsteam aus Experten, Feuerwehr, Rettung, der Baudirektion und dem Gesundheitsverbund gebildet. Praktisch innerhalb von 24 Stunden war das Betreuungszentrum in der Messehalle im Wiener Prater organisiert und in 96 Stunden fertiggestellt. Mehr als 600 Betten hatten in der Folge auch eine Sauerstoffversorgung", erzählt Wolfgang

Müller und fügt nicht ohne Stolz hinzu: „Für eine der besten Stadtverwaltungen der Welt ist fast nichts unmöglich."

Müllers Aufgabe folgte einem Rahmenplan, der jederzeit an neue Situationen und Herausforderungen angepasst werden konnte. „Wir haben uns Ende Jänner 2020 an dem Influenza-Pandemieplan orientiert und diesen kurzfristig angepasst und aktualisiert."

Der Krisenmanager mit Offiziersausbildung legt Wert auf Organisation: „Es gibt einen führenden Stab. Das ist in Wien der medizinische Krisenstab mit der Landessanitätsdirektorin an der Spitze." Neben dem medizinischen Krisenstab haben sich mehrere Fachstäbe gebildet, etwa für Bildung oder auch für psychosoziale Angelegenheiten.

Eine entscheidende Rolle im Zusammenspiel von Fachleuten und Krisenstäben spielt der Direktor des Wiener Gesundheitsverbundes, Michael Binder. Bei ihm laufen alle Fäden des spitalsärztlichen Bereiches zusammen. Mit Argusaugen kontrolliert er die Versorgung der Patienten und vor allem die Auslastung der Krankenhäuser. Die Gesundheit der Bürger:innen ist das oberste Prinzip, was auch Bürgermeister Michael Ludwig stets betont.

Als Organisator aller Krisenstäbe muss Wolfgang Müller den Überblick behalten. Bei Ausbruch eines unerwarteten Ereignisses ist es ihm möglich, auf verlässliche Einrichtungen und Strukturen der Stadt Wien zurückzugreifen: Beispielsweise auf die gut ausgebildeten Mitarbeiter:innen der Berufsrettung und die Spezialist:innen der Berufsfeuerwehr. Auch verschiedene andere Magistratsabteilungen, wie die MA 01 bis hin zu Wiener Wasser oder den „48-ern" (die Wiener Müllabfuhr), können herangezogen werden.

So haben beim Aufbau und der Durchführung der Massentests Ende 2020 das Personal der Berufsrettung und auch der Feuerwehr entscheidend und effizient mitgewirkt. „Das hat sehr gut funktioniert, weil das starke Säulen in unserer Stadtverwaltung sind", resümiert der Chefkoordinator und fasst erneut die Arbeitsweise des Krisenmanagements der Stadt Wien zusammen: „Wir nutzen alle Ressourcen, um Informationen zusammenzutragen, zu analysieren und zu bewerten. Daraus entwickeln wir ein aktuelles Lagebild und ein Bild der Zukunft. Auf Basis dessen werden evidenzbasierte Entscheidungen getroffen."

So wichtig die Bereitstellung von Manpower ist, eines darf im Zeitalter der Digitalisierung nicht fehlen: Das sind vor allem die Informationstechnologie, IT genannt, aber auch die rechtliche Expertise sowie die Kontrolle der Finanzen. „Die Stadt Wien ist eine Dienstleisterin im industriellen Maßstab, was heute ohne IT unvorstellbar ist. Natürlich mussten wir das gesamte IT-System anpassen und fit machen. Auch Juristen brauchen wir, die uns sagen, was rechtlich möglich ist oder auch nicht." Und: „Ich muss auch dokumentieren, was entschieden wurde. Im Stab gibt es einen ‚Finanzminister'. Wir arbeiten ja mit Steuergeld, und der Rechnungshof muss alles prüfen können." Dabei geht es um viel Geld: Von 2020 bis Anfang 2022 belaufen sich die Kosten für die Pandemiebekämpfung der Stadt Wien auf insgesamt 1,3 Milliarden Euro.

Wolfgang Müller berichtet auch gerne über eine erfreuliche, Generationen-übergreifende Erfahrung: „Am besten funktionieren Krisenstäbe, wenn seit Jahren eingearbeitete und geschulte Mitarbeiter:innen mit jungen Kräften zusammenarbeiten." So wurden die Corona-Verordnungen von nur zwei Personen in der Gesundheitsrechtsabteilung erarbeitet und geschrieben, eine langjährig in diesem Bereich tätige Juristin arbeitete mit einer neu hinzugekommenen jungen Juristin hervorragend zusammen.

### „Über den Tag hinaus denken"

Am Beginn der Covid-19-Pandemie hat es fast täglich ein Treffen des Krisenstabes gegeben, bei Bedarf – und das war oft der Fall – sogar mehrere Male am Tag. Gut zwei Jahre später, im Februar 2022, fanden nur mehr drei Zusammenkünfte pro Woche statt. Aber das kann sich blitzartig ändern. Die Abfolge der Treffen bestimmt die sachliche Notwendigkeit, dabei sind Flexibilität und der nötige Blick in die Zukunft gefragt.

„Die Frage ‚Was kommt auf uns zu' ist ganz entscheidend. Über den Tag hinaus zu denken hat uns immer ermöglicht, in der Gegenwart rasch zu handeln. Das hat dazu geführt, dass wir Innovatives und Neues entwickeln konnten. So gelang es uns innerhalb kürzester Zeit, eine Teststraße beim Stadion aufzubauen. Das war im August 2020, als gerade viele Urlauber nach Wien zurückkamen. Wenn man nur kurzfristig denkt und agiert, ist das nicht möglich", beschreibt Wolfgang Müller die Arbeitsweise.

Ein anderes Beispiel für perspektivisches Denken ist die innovative Erfindung der Gurgeltests, die sich für eine breit aufgestellte Corona-Teststrategie gut eignen. Weil damals ausreichendes Fachpersonal für die Vielzahl an Abstrichen zur Probengewinnung knapp war, musste schnell eine Lösung und Teststrategie im Kampf gegen die Pandemie gefunden werden.

Doch wie finden die Erkenntnisse, die Prognosen und die Vorschläge des Krisenstabes den Weg an die Spitze des Rathauses, direkt zu Michael Ludwig?

„Auf Stabsebene werden die Informationen aufbereitet, das passiert interdisziplinär. Herr Bürgermeister lädt uns dann ein und fragt, welche Vorschläge wir unterbreiten können. Danach bindet der Bürgermeister seinen eigenen Expert:innenstab ein. Das sind Ärzt:innen verschiedener Disziplinen aus den unterschiedlichen Spitälern der Stadt Wien, Statistiker:innen und Komplexitätsforscher:innen." Auf Grundlage dieser beiden Ebenen, des Krisenstabes und der Expert:innen, macht sich der Bürgermeister ein genaues Bild der Lage. Vor diesem Hintergrund trifft er dann seine politischen Entscheidungen. „Am Ende gibt Michael Ludwig die Linie vor. Besser kann man es nicht machen. In dem Moment, wo das ganze System unter Druck gerät, was bei Corona der Fall war und noch immer ist, schauen alle auf den Leader. Das ist für den Bürgermeister und für uns alle im Krisenstab ganz klar. In Krisen ist es so wichtig, dass man eine Linie fährt, mit einer Stimme spricht und die Entscheidungen entsprechend in der Öffentlichkeit kommuniziert."

Dieser evidenzbasierte Prozess der Meinungs- und Entscheidungsfindung „generiert Sicherheit", betont Wolfgang Müller nachdrücklich. Diese Sicherheit verschafft sich der

Bürgermeister durch den Krisenstab und seine persönlichen Expert:innen. Umso sachlicher und überzeugter kann er dann die Beschlüsse gegenüber der Bevölkerung kundtun und vertreten. „Gerade diese Vorgangsweise fehlt auf Bundesebene", bemängelt Wolfgang Müller.

Der Krisenmanager der Stadt Wien weiß, wovon er spricht: Er ist selbst Mitglied der Corona-Kommission und der Kommission zur gesamtstaatlichen Covid-Krisenkoordination (GECKO).

So waren beispielsweise für den Krisenstab der Stadt Wien die Corona-Prognosen des Bundes nicht ausreichend. Unverzüglich machten sich Statistiker:innen und Datenanalytiker:innen an die Arbeit und werteten selbst die erhobenen Zahlen und das Datenmaterial aus. „Wir starteten damit im Februar-März 2020. Binnen kürzester Zeit haben wir die besten Prognosen gehabt und konnten sie auch in die relevanten Gremien einbringen. Was die Experten berechnet haben, hat immer gestimmt. Exakt eingetroffen sind die Prognosen der Experten im Herbst 2021", erzählt der Vize-Magistratsdirektor und erwähnt beiläufig, dass junge Datenanalytiker:innen „von außen", die vorher in der Privatwirtschaft tätig waren, bei der Stadt aufgenommen worden waren. „Die Pandemie hat gezeigt, dass es auch interessant und herausfordernd ist, in der Verwaltung zu arbeiten."

**Unterschiedliche Positionen: Wien versus Bund**
Wie sehr Wien seinen eigenständigen und wissenschaftsbezogenen Weg in der Corona-Bekämpfung geht und dadurch

die Auseinandersetzung mit dem Bund auch nicht immer friktionsfrei verläuft, zeigte die GECKO-Sitzung vom 18. Februar 2022. Das Ziel, dass die Covid-19-Pandemie die Grenzen der Gesundheitssysteme nicht überschreiten darf, um eine entsprechende Versorgung der Bevölkerung gewährleisten zu können, teilen Bund und Länder. Das wurde zum Teil mit extremen Maßnahmen bis hin zum totalen Lockdown erreicht – mit entsprechenden ökonomischen und sozialen Folgen. Doch bei den konkreten Maßnahmen gibt es Differenzen zwischen dem Bund und der Stadt Wien.

Anschaulich kann man den Expert:innenstreit im GECKO-Executive Report nachlesen.[79] Bei dem Punkt „Testen", wofür sich Wien seit jeher stark macht, hat Wolfgang Müller eine abweichende Stellungnahme abgegeben, die im Anhang an den Bericht angefügt ist.

Um die Wiener Position verständlich zu machen, lohnt es sich, die Stellungnahme von Wolfgang Müller wiederzugeben. Darin heißt es: „Sowohl die Fragestellung als auch die Antwort zum Thema Testen verzerren die tatsächliche Sachlage, indem sie die derzeit grassierende Pandemie auf ein Niveau der saisonalen Influenza reduzieren. SARS-CoV-2 ist auch in seiner aktuellen Ausprägung weder hinsichtlich der Infektiosität noch hinsichtlich der Pathogenität mit der saisonalen Grippe vergleichbar.

Es handelt sich bei der Corona-Epidemie um eine von der WHO zur Pandemie erklärte, weltweite Gesundheitsbedrohung und nicht um eine weitere ‚Grippe-Welle'. Tritt man dieser vertretenen Auffassung bei, so bedeutet dies aus meiner

Sicht, dass die gesetzlich und sonst getroffenen Maßnahmen bisher gänzlich falsch am Platze waren."

Die GECKO-Kommission stellt am Ende fest, dass die Stellungnahme von Wolfgang Müller als Vertreter der Stadt Wien „nicht die Meinung der Kommission" widerspiegelt, sondern „ausschließlich jene des genannten Mitglieds ist". Diese konträre Bewertung zwischen Stadt Wien und der Regierungskommission GECKO zeigt eines ganz deutlich: Akute Notlagen und große Krisen sind Phasen, in denen es auf die jeweilige politische Führung ankommt. Phasen, in denen es einen spürbaren Unterschied macht, wer die Verantwortung trägt. Und wie diese Chefin oder dieser Chef auftritt. Eine Pandemie ist kommunikativ für eine Regierung oder für einen einzelnen Politiker oder eine einzelne Politikerin eine Gratwanderung und zeigt auf, wie groß die Gefahr ist, unabhängige Wissenschaftler:innen und Expert:innen für politische Zwecke zu instrumentalisieren.

Wolfgang Müller gibt offen zu, welch „belastendes Ereignis" die Pandemie war und noch immer ist. „Es ist aber auch motivierend zu sehen, was man realisieren und erreichen kann. Nämlich weniger Todesfälle und weniger Patient:innen in den Spitälern. Es ist ein gutes Gefühl, zu spüren und zu wissen, dass wir um jedes Leben kämpfen."

Teil 2
# Skepsis
# versus Wissen

Eine Eurobarometer-Umfrage hat es an den Tag gebracht: Das Vertrauen der Österreicher:innen in die Wissenschaft ist auffallend gering. Die Alpenrepublik rangiert am Ende der Skala. Forscher der Universität Wien sprechen in diesem Zusammenhang von „Wissenschaftspopulismus".

In Österreich ist die Geringschätzung der Wissenschaft historisch gewachsen. Das habe unter anderem mit dem Zweiten Weltkrieg zu tun, als „wissenschaftliches Know-how abhandengekommen ist", erklärt der Wissenschaftler des Jahres 2021, Universitätsprofessor Peter Klimek.

Die Pandemie hat gezeigt, wie wichtig Fakten und seriöse Statistiken als Grundlage für politische Entscheidungen sind. Dass Ergebnisse und Aussagen von Wissenschaftler:innen auch von Politiker:innen auch instrumentalisiert werden können, wurde in der Corona-Krise ebenfalls sichtbar.

Hand in Hand mit der Wissenschaftsskepsis geht in Österreich auch das Misstrauen von Bürger:innen gegenüber Impfungen, was sich besonders deutlich in der Pandemie gezeigt hat. Dass die Information und Aufklärung über die Anti-Corona-Impfung nicht umfassend war, wird von Expert:innen kritisiert. „Österreich muss beim Impfen besser werden", sagt Arschang Valipour, Vorstand der Abteilung für Innere Medizin und Pneumologie der Klinik Floridsdorf.

# Fatale Wissenschaftsskepsis

Laut einer Eurobarometer-Umfrage unter dem Titel „European citizens' knowledge and attitudes towards science and technology" – die in der Europäischen Union bislang größte durchgeführte Untersuchung dieser Art – ist das Vertrauen der Österreicher:innen in die Wissenschaft auffallend gering. Veröffentlicht wurde die Umfrage, für die neben den 27 EU-Mitgliedsländern noch elf weitere Staaten untersucht wurden, am 23. September 2021 in Brüssel.[80]

Ernüchternd, so lassen sich die Ergebnisse der Eurobarometer-Umfrage auf den ersten Blick zusammenfassen. Befragt nach der Rolle der Biotechnologie und Gentechnik in den nächsten 20 Jahren, reagieren die Österreicher:innen deutlich reserviert, bloß 16 Prozent können sich vorstellen, dass Grundlagenforschung auf diesem Gebiet einen sehr positiven Effekt haben könnte – das ergibt in dieser Kategorie den letzten Platz unter den 27 EU-Ländern.

Dass in Österreich mit dem Vienna Bio Center ein genetisches und biotechnologisches Zentrum von internationalem Format besteht, lässt die Bevölkerung unberührt. Der Ruf Österreichs als Standort für Innovation und Forschung wird durch die Wissenschaftsskepsis nicht gerade gefördert. An vorletzter Stelle liegt übrigens Rumänien, eines der beiden Impfschlusslichter (neben Rumänien auch Bulgarien, Anm.) in der EU mit den höchsten Covid-Sterbezahlen nach der Zahl der Einwohner. Platz eins geht bei der Eurobarometer-Umfrage an Portugal. Das trifft auch auf die Impfquote in diesem Land zu.[81]

Schlecht sind die Resultate auch, was die Wahrnehmung von Forscher:innen in Österreich betrifft: 29 Prozent der Befragten glauben, dass Wissenschaftler:innen nicht ehrlich sind, knapp ein Viertel ist unentschieden – noch skeptischer sind EU-weit bloß die Deutschen. In dieser Umfrage landet Österreich auf dem vorletzten Platz.

### Zusammenhang zwischen Forschung und Wohlstand

Europaweit wird der generelle Einfluss von Wissenschaft und Technologie von neun von zehn EU-Bürgern (86 Prozent) positiv bewertet. Sie erwarten, dass sich eine Reihe von Technologien, die derzeit entwickelt werden, in den nächsten 20 Jahren positiv auf unsere Lebensweise und unseren Wohlstand auswirken werden: Dabei handelt es sich insbesondere um Solarenergie (92 Prozent), Impfstoffe und Technologien zur Bekämpfung von Infektionskrankheiten (86 Prozent) sowie künstliche Intelligenz (61 Prozent).

Darüber hinaus zeigen die Ergebnisse, dass eine große Mehrheit der Bürger:innen an Wissenschaft und Technologie außerordentlich interessiert ist (82 Prozent) und an bestimmten Orten der Informationsvermittlung wie Rathäusern, Museen und Bibliotheken mehr darüber erfahren möchten (54 Prozent). In vielen Bereichen haben sich in den vergangenen Jahren die Bürger:innen der EU vermehrt für Wissenschaft und Technologie interessiert, höhere Erwartungen in diese beiden Bereiche gesetzt und sich stärker dafür engagiert. Am häufigsten nennen die Bürger:innen Gesundheit und medizinische Versorgung sowie die Bekämpfung des Klimawandels, wenn sie dazu befragt werden, in welchen Bereichen Forschung und Innovation etwas bewirken können. Diese Ergebnisse bestätigen das wachsende Interesse an neuen medizinischen Entdeckungen. Dieses Interesse ist seit dem Jahr 2010 von 82 Prozent auf 86 Prozent gestiegen.

Die bulgarische EU-Kommissarin für Innovation, Forschung, Kultur, Bildung und Jugend, Mariya Gabriel, erklärte bei der Präsentation der Eurobarometer-Studie: „Die insgesamt positive Einstellung gegenüber Wissenschaft und Technologie ist erfreulich. Denn Wissenschaft und Technologie sind für die Bekämpfung des Corona-Virus, des Klimawandels, des Verlustes an biologischer Vielfalt und für eine ganze Reihe weiterer drängender Herausforderungen von entscheidender Bedeutung. Gleichzeitig müssen wir auf die Bedenken der Bürgerinnen und Bürger eingehen, wonach Wissenschaft und Technologie nicht allen in gleichem Maße zugutekommen. Wir müssen der Geschlechterdimension bei Forschungsinhalten mehr Aufmerksamkeit schenken und ausloten, wie Forschung und Innovation mit stärkerer Einbindung der Bürgerinnen und Bürger und anderer Interessensträger betrieben werden kann."[82]

Die Eurobarometer-Umfrage zeigt auch die künftigen Aufgaben für Forschung und Innovation auf. Viele Bürger:innen in der EU sind der Ansicht, dass Wissenschaft und Technologie in erster Linie dazu beitragen, das Leben von Menschen zu verbessern, die bereits bessergestellt sind (57 Prozent), und den Unterschieden zwischen den Bedürfnissen von Frauen und Männern nicht genügend Rechnung tragen (23 Prozent).

Mehr als die Hälfte der Befragten ist der Auffassung, dass Forscher in China (58 Prozent), den USA (57 Prozent) und Japan (54 Prozent) den Forscher:innen in der EU im Hinblick auf wissenschaftliche Entdeckungen voraus sind. Auch beim Kenntnisstand über die Wissenschaft treten erhebliche Unterschiede zwischen den einzelnen Teilen der Gesellschaft zutage.

Die Bürger:innen der EU bewerten Wissenschaftler:innen und ihre jeweiligen Charakteristika wie Intelligenz (89 Prozent), Zuverlässigkeit (68 Prozent) und deren Bereitschaft zur Zusammenarbeit (66 Prozent) positiv. Mehr als zwei Drittel (68 Prozent) sind der Ansicht, dass Wissenschaftler:innen stärker in politische Debatten eingreifen sollten, um sicherzustellen, dass wissenschaftliche Erkenntnisse in öffentliche Entscheidungen einfließen.

Die meisten Bürger:innen in der EU beziehen ihre Informationen über wissenschaftliche und technologische Entwicklungen über das Fernsehen (63 Prozent), gefolgt von sozialen Netzwerken und Blogs im Internet (29 Prozent) sowie Online- oder Printmedien (24 Prozent). Eine große Mehrheit (85 Prozent) glaubt, dass das Interesse junger Menschen an der Wissenschaft für den künftigen Wohlstand von entscheidender Bedeutung ist. Darüber hinaus wird nach Auffassung der Mehrheit der Befragten durch die Einbeziehung von Nichtwissenschaftler:innen in Forschung und Innovation auch gewährleistet, dass Wissenschaft und Technologie den Bedürfnissen und Werten der Gesellschaft Rechnung tragen (61 Prozent).

Nach Meinung von fast drei Vierteln (72 Prozent) der Befragten sollten die EU-Regierungen sicherstellen, dass neue

Technologien allen Menschen zugutekommen. Nach der Ansicht von mehr als drei Vierteln (79 Prozent) sollten die Regierungen dafür sorgen, dass nicht nur die Staaten, sondern auch private Unternehmen den Klimawandel bekämpfen.

### In Österreich ist Aufklärung gefordert

Kommen wir zurück nach Österreich, wo sich die Frage aufdrängt, ob die Wissenschaftsskepsis bzw. Wissenschaftsfeindlichkeit ein nationales Spezifikum ist und in die Kategorie „nationale Identität" fallen könnte? Österreich ist ja besonders kritisch und ablehnend, was bestimmte Formen von Technologie, wie die Gentechnologie oder auch die Atomkraft, angeht.

Seit vielen Jahren verlangen österreichische Expert:innen, mehr im Bereich Bildung, Information und Medien zu tun, um die generelle Wissenschaftsskepsis in der österreichischen Bevölkerung abzubauen. Lehrpläne an Schulen und auch Universitäten gehören überarbeitet.

In der breiten Bevölkerung ist dieser Ratschlag noch nicht angekommen. Auch hier führt uns die Eurobarometer-Umfrage vor Augen, wie es um die Aussage: „Das Interesse an Wissenschaft bei den Jungen ist wichtig für unseren künftigen Wohlstand" in der österreichischen Gesellschaft steht. Die Landsleute stimmen dem nur zu 27 Prozent mit „sehr wichtig" zu. Das ist mit Abstand der geringste Anteil von allen untersuchten Ländern.

Eine Schlüsselrolle komme natürlich auch den Medien zu, Stichwort Wissenschaftsvermittlung. Wenn uns die Corona-Krise etwas gelehrt hat, dann dieses: Die Bevölkerung wurde – was die Entwicklung der Impfstoffe angeht – mit der Notwendigkeit von Forschung und Innovation konfrontiert. Aber auch damit, dass Wissenschaft nicht auf Knopfdruck liefern kann, sondern über längere Zeiträume unterstützt und finanziell gefördert werden muss. Dabei darf Politik nicht kurzfristig denken, sondern muss perspektivisch handeln und der Wissenschaft und Forschung entsprechende Möglichkeiten bieten. Das sollte auch eine Lehre aus der Pandemie sein.

Möglicherweise ist dieses Ansinnen ein bescheidener Wunsch. Die vorhandenen Daten zeigen nicht, dass sich angesichts der Pandemie etwas zum Positiven verändert hat. Laut der Eurobarometer-Umfrage gehört Österreich im europäischen Vergleich zu den Spitzenreitern bei der Einschätzung, dass Wissenschaft in ihrem Leben gar „nicht so wichtig" sei.

Konsequent weiter gedacht bedeutet diese ignorante Einstellung auch, dass Österreicher:innen Neugierde-befreit sind, was neue Erkenntnisse im Bereich Wissenschaft und Technologie angeht. Weniger aufgeschlossen als die österreichische Bevölkerung ist nur die kroatische.

### Wissenschaftspopulismus

Forscher der Universität Wien sprechen in diesem Zusammenhang von „Wissenschaftspopulismus", was eine Umfrage des Austria Corona Panel Project auch belegt. Mehr als ein Viertel der Bevölkerung ist der Meinung, dass man sich mehr auf den gesunden Menschenverstand und weniger auf wissenschaftliche Studien verlassen sollte.[83]

Entsprechend dieser Einstellung sind die Österreicher:innen im EU-Vergleich am ehesten dafür, dass die Entscheidungen über Wissenschaft und Technologie nicht so sehr nach den Ratschlägen von Expert:innen getroffen werden sollen, sondern vor allem danach, was die Mehrheit der Bevölkerung darüber denkt.

Die Ergebnisse der Eurobarometer-Umfrage sollten heimischen Politiker:innen und Entscheidungsträger:innen zu denken geben. „Der aktuell wohl wichtigste Grund: Wissenschaftsskepsis ist in einer Pandemie schlecht für die Gesundheit und schlecht für die Gesellschaft", heißt es dazu in einer Analyse der Tageszeitung *Der Standard*.[84]

Das Blatt vergleicht die Eurobarometer-Daten mit einer europaweiten Erhebung über die Impfbereitschaft aus dem Sommer 2021. Und dabei zeigen sich auffällige Zusammenhänge. Was die „harten Impfverweigerer" angeht, gehört Österreich neben Bulgarien, Rumänien, Litauen, Lettland und die Slowakei zur Spitzengruppe. Portugal, Dänemark und Malta haben kaum „harte Impfverweigerer". Das sind auch die Staaten mit der höchsten Impfquote in der Europäischen Union. Die vom *Standard* zitierte Umfrage weist noch auf eine Korrelation hin: „Je geringer die Impfquote, desto mehr Covid-Todesfälle gibt es, statistisch angepasst nach Medianalter und nach Bruttoinlandsprodukt. Das heißt, dass es einen Zusammenhang zwischen Wissenschafts- und Impfskepsis oder Ablehnung der Impfung mit der Todesrate gibt.[85]

## Wissenschaftsskepsis weit über Corona hinaus

Die Daten der Eurobarometer-Umfrage zeigen auch, dass die Zweifel an der Wissenschaft weit über die aktuelle Corona-Debatte und den Widerstand gegen die Corona-Maßnahmen zur Eindämmung der Pandemie hinausgehen.

Universitätsprofessor Leonhard Dobusch vom Institut für Organisation und Lernen der Universität Innsbruck beobachtet die gesellschaftlichen Auswirkungen der Corona-Pandemie und erklärt die Wissenschaftsskepsis der Österreicher:innen nicht nur in Bezug auf die Impfung, sondern spannt einen historischen Bogen. „Prinzipiell kämpfen alle Länder damit, die Menschen zum Impfen zu bewegen. Beim Vergleich der Industrieländer, wo der Impfstoff auch verfügbar ist, fallen Österreich, Deutschland und die Schweiz auf. Dafür gibt es sicher viele aktuelle wie historisch gewachsene Ursachen, die es noch genauer zu erforschen gilt." In Österreich wäre es seiner Ansicht nach besser gewesen, die „Impfdebatte möglichst frei von Parteipolitik" zu halten.

Für den international vernetzten Wirtschaftswissenschaftler zeigen die Eurobarometer-Daten aber auch, dass die Wissenschaftsskepsis „weit zurückreicht und über Corona hinausgeht". Sie habe hierzulande „eine mehr als 100-jährige Tradition, die weit in die Gesellschaft hineinreicht". Leonhard Dobusch erklärt, dass es „in Österreich beispielsweise mehr gemeldete Energetikerinnen und Energetiker bei der Wirtschaftskammer gibt als in der Ärztekammer gemeldete niedergelassene Ärztinnen und Ärzte". Im deutschsprachigen Raum seien auch „esoterische Strömungen wie die Anthroposophie" entstanden und verbreitet. „Die Homöopathie", sagt der Universitätsprofessor, „ist trotz fehlender bewiesener Wirksamkeit in Apotheken erhältlich oder wird sogar von Ärztinnen und Ärzten verschrieben. Hier wurde jahrzehntelang nicht gegengesteuert, sondern Geld mit Aberglauben verdient. Was alle eint, ist die weitgehende Ablehnung der sogenannten Schulmedizin und der Pharmaindustrie. Die jetzt so stark spürbare Skepsis kam also keineswegs aus dem Nichts und wird durch das digitale Umfeld, in dem wir uns alle bewegen, potenziell noch verstärkt". Diese Position nimmt Leonhard Dobusch in einem Interview mit dem Magazin *wissenswert* Ende Dezember 2021 ein.[86]

Dobusch betont auch, dass Social Media, wie Facebook, Telegram und andere, die viele Menschen auf ihren Accounts oder Messenger-Diensten wiederfinden, mit Desinformationen und Falschnachrichten zur Wissenschaftsskepsis beitragen. „Die Verbreitung von Desinformationen beispielsweise zu Impfungen wurde von großen Plattformen wie Facebook über Jahre kaum bekämpft – auch schon vor Corona. Ähnliches beobachten wir bei Leugnung des menschengemachten Klimawandels. Hier wurde meiner Ansicht nach viel zu spät reagiert. Ich bin überzeugt davon, dass viele Menschen erst dadurch in das ‚Lager' der Wissenschaftsskeptikerinnen und Wissenschaftsskeptiker geraten sind. Das Problem der Desinformation im Kontext digitaler Plattformen wurde unterschätzt. Erst mit der Wahl von Donald Trump zum US-Präsidenten gerieten die negativen Dynamiken der sozialen Netzwerke stärker in den Fokus, da war alles aber bereits schon sehr fortgeschritten und schwer umkehrbar."[87]

Leonhard Dobusch sieht eine Möglichkeit, die Wissenschaftsskepsis abzubauen: „Eine offenere Wissenschaft könnte dazu einen großen Beitrag leisten. Ein offener Zugang zu wissenschaftlichen Veröffentlichungen und Datensätzen ermöglicht eine kritische Auseinandersetzung über Disziplinen hinweg – nicht nur für Expertinnen und Experten, sondern auch für Journalistinnen und Journalisten. Gerade in Krisenzeiten ist Transparenz und schneller Zugang zu Forschungsergebnissen wichtig."[88]

Warum Österreicher:innen in so vielen Aspekten ein deutlich wissenschaftsfeindlicheres bzw. wissenschaftsskeptischeres Weltbild haben als die Bevölkerung in etlichen anderen Mitgliedsländern der EU zeigt ausführlich das exzellente Buch „Die Medizin und ihre Feinde. Wie Scharlatane und Verschwörungstheoretiker seit Jahrhunderten Wissenschaft bekämpfen" auf.[89]

Darin spüren der bekannte Journalist und Autor Herbert Lackner und der international renommierte Onkologe Christoph Zielinski die Wurzeln der heutigen Wissenschaftsgegner-Bewegung in der Geschichte auf, gehen der Frage nach, warum „die heutigen Feinde wissenschaftlicher Erkenntnis" ihr „Wissen" und ihre „profunden Irrtümer" aus hoch entwickelten und dem letzten Stand der Forschung entsprechenden Handys oder Laptops beziehen und sich mit Hilfe dieser komplexen Geräte gegenseitig bestätigen, dass gegen Covid-19 Pferdemedizin, warme Socken oder homöopathische Kügelchen helfen würden. Das Buch ist eine umfassende Darstellung eines Phänomens, das viele gesellschaftspolitisch relevante Fragen aufwirft und die Argumente der Impfgegner:innen und Verschwörungstheoretiker:innen aus medizinischer Sicht widerlegt.

### Der Hausverstand der „einfachen Leute" und der Fremdkörper Wissenschaft

Umfassende Antworten gibt, wie bereits erwähnt, eine Untersuchung des Austrian Corona Panel Project (ACPP) der Universität Wien vom Juli 2021.[90] „In Österreich gibt es ein Grundpotential für wissenschaftsbezogenen Populismus, das heißt für die Ansicht, dass das Erfahrungswissen und Bauchgefühl einfacher Leute zuverlässiger sei als das Wissen einer vermeintlich abgehobenen akademischen Elite", erklärt Studien-Autor Jakob-Moritz Eberl.[91] Demnach ist mehr als ein Viertel der Bevölkerung (27 Prozent) der Meinung, dass man sich mehr auf den „gesunden Menschenverstand" und weniger auf wissenschaftliche Studien verlassen sollte. Der Kommunikationswissenschaftler weist auch darauf hin, dass unter anderem Personen mit mittlerem Bildungsgrad und auch FPÖ-Wähler:innen „eher wissenschaftspopulistische Einstellungen" vertreten. Personen mit solchen Einstellungen sind auch weniger oder nicht gewillt, sich gegen das Corona-Virus impfen zu lassen, betont Jakob-Moritz Eberl.

Viele scheinen die Wissenschaft hierzulande immer noch als „elitär" zu empfinden; als etwas, was die „einfachen Leute" nicht brauchen, nicht verstehen und auch nicht verstehen müssen. Als etwas, dem man eher kritisch gegenüberstehen muss; immerhin denken 28 Prozent, dass Wissenschaft und

Politik unter einer Decke stecken. Diese Zahl stammt ebenfalls aus der Erhebung des Austrian Corona Panel Project der Universität Wien.

Jakob-Moritz Eberl ordnet drei Kernelemente dem politischen Populismus zu, den Politiker:innen, Parteien und Bürger:innen vertreten können: „Der Wunsch nach Volkssouveränität, einen vehementen Anti-Elitismus gegenüber Regierenden und eine strengere moralische Trennung zwischen Gut und Böse in politischen Fragen. Anhand dieser drei Faktoren konnte das Austrian Corona Panel Project in seiner Untersuchung auch zeigen, inwiefern populistische Positionen Bürgerinnen und Bürger für Verschwörungstheorien zum Corona-Virus empfänglich machen." [92]

## Mehr über Wissenschaft reden

Jakob-Moritz Eberl analysiert auf Basis der Daten, dass „ohne breiten gesellschaftlichen Konsens in Bezug auf wissenschaftlich fundiertes Handeln ein zielgerichtetes Regieren erschwert wird. Die Pandemie zeigt ebenso wie die Klimakatastrophe deutlich, dass eine populistische Minderheit bereits politisches Handeln und den Stellenwert von wissenschaftlicher Expertise in demokratischen Gesellschaften untergraben kann."

Wissenschaftsbezogener Populismus „ist eine langfristige Herausforderung und sollte als solche adressiert werden", verlangt der Demokratie-Forscher. Es braucht mehr Wissenschaftskommunikation. Die Wissenschaft muss sich noch mehr anstrengen als bisher, um den Menschen zu vermitteln, wie Evidenz hergestellt wird. Wissenschaftler:innen müssen noch mehr in die Öffentlichkeit gehen als bisher; nur so lässt sich diesen Ansichten etwas entgegensetzen. Das ist mühsame Arbeit – aber notwendige Arbeit, resümiert der Kommunikationswissenschaftler.

## Komplexitätsforscher Peter Klimek: „Das Bauchgefühl ist wichtiger als die wissenschaftliche Erklärung"

Durch die Corona-Pandemie sind Wissenschaftler:innen, vor allem aus dem Bereich der Medizin, stärker in den Fokus von Politik, Medien und Öffentlichkeit gerückt. Regelmäßige Live-Auftritte in Talkshows oder Nachrichtensendungen, Interviews im Radio und in Zeitungen haben zahlreiche Universitätsprofessor:innen und Expert:innen national und international bekannt gemacht. Einer davon ist Peter Klimek, Physiker, Komplexitätsforscher und ausgezeichnet als österreichischer Wissenschaftler des Jahres 2021. Er kann Analysen und Modelle zur Covid-19-Erkrankung, medizinische Inhalte, Viruswellen und komplizierte Zusammenhänge so fundiert erklären, dass es Politiker:innen und die breite Öffentlichkeit verstehen.

Plötzlich berühmt und im Rampenlicht stehend, wie ist das? Darauf antwortet Peter Klimek ebenso offen wie sachlich. „Ich tue mich schwer, das einzuschätzen. Es ist in den vergangenen Jahren so vieles so schnell passiert. Ich brauche noch eine Zeitlang, das alles zu begreifen. Das Rampenlicht wird abnehmen, wenn die Pandemie zurückgeht."[93]

Kontakte zu Medien hatte der Assoziierte Professor auch schon vor der weltweiten Verbreitung des gefährlichen Virus, Wissenschaftskommunikation war ihm nicht neu. „Doch jetzt würde alles viel schneller gehen. Die Intensität hat zugenommen. Es ist herausfordernder geworden, alle Aufgaben unter einen Hut zu bringen."

Wie rasch sich Wissenschaftler:innen auf die neue Situation einstellen mussten und welche Probleme dies auch mit sich brachte, von einem Tag auf den anderen Antworten auf neueste Entwicklungen geben zu müssen, macht auch die Studie „Wissenschaftskommunikation in der Covid-19-Pandemie: Einblicke und Erfahrungen österreichischer Expertinnen und Experten" der Universität Wien deutlich.[94] Ein Forschungsteam des Journalism Studies Center vom Institut für Publizistik und Kommunikationswissenschaften interviewte 24 Personen – hauptsächlich Virolog:innen und Epidemiolog:innen –, um herauszufinden, wie die Expert:innen ihre öffentliche Rolle während der Pandemie erlebt haben, welche Erfahrungen sie in der Interaktion mit Medien und der Öffentlichkeit gemacht und wie sie den Umgang der Politik mit wissenschaftlicher Expertise erlebt haben.

Dabei stellt Studienautor Daniel Nölleke fest, dass das Verhältnis zwischen Wissenschaft und Öffentlichkeit in Zeiten der Pandemie – und möglicherweise darüber hinaus – „sensibel" sei: „Einerseits sehen sich die Befragten in der Pflicht, durch die öffentliche Verbreitung ihrer Expertise, das heißt, ihres Wissens und ihrer Erfahrungen, Hilfestellung für Entscheidungen in unsicheren Zeiten anzubieten. Andererseits haben sie erlebt, wie sie dabei missverstanden, instrumentalisiert werden und häufig auch groben Anfeindungen von Teilen der Öffentlichkeit ausgesetzt werden", heißt es in der Studie.

Wie sieht es Peter Klimek? Wie ist es ihm ergangen?

Er verweist zunächst darauf, dass durch die Dringlichkeit der Pandemie auch im wissenschaftlichen Produktions- und

Erkenntnisprozess im Bereich der Medizin „ein paar Entwicklungen eingetreten sind, die es zuvor in anderen Disziplinen auch schon gegeben hatte", skizziert Klimek die erhöhte Geschwindigkeit, Forschungsergebnisse bekannt zu machen. Dazu zählt das Publizieren von Preprints, das sind jene wissenschaftlichen Vorab-Publikationen, die der Öffentlichkeit zur Verfügung gestellt werden, aber noch nicht in einem Peer-Review-Verfahren begutachtet worden sind. Die Preprints waren „großteils ident mit jenen Ergebnissen, die nach dem Peer-Review veröffentlicht wurden. Da zeigt sich, dass die Selbstkontrolle funktioniert. Viele in der Wissenschaft sind sich dessen bewusst und gehen nicht vorschnell an die Öffentlichkeit", beruhigt der Forscher. Er bestätigt, dass es in den ersten Wochen und Monaten der Pandemie für die Expert:innen „viel zu lernen gab. Innerhalb weniger Tage oder sogar Stunden mussten wir Antworten auf Fragen geben".

### Wurde die Wissenschaft als Ganzes instrumentalisiert?

Druck von Seiten der Politik, bestimmte Ergebnisse vorzulegen, hat der Forscher der Universität Wien in den vergangenen Jahren der Pandemie nicht unmittelbar erfahren. Die Frage sei jedoch, „ob die Wissenschaft als Ganzes instrumentalisiert worden ist", gibt er zu bedenken. So kam es schon vor, dass Studien, je nach Einstellung und Position, von den verschiedenen Seiten anders gelesen und interpretiert worden sind. Jeder Begriff gibt die Deutung vor, färbt die Bewertung, je nachdem, wie er gebraucht wird. Klimek nennt ein Beispiel: Eine bekannte Untersuchung kam zu dem Schluss, dass unterschiedlich hohe Durchimpfungsraten in unterschiedlichen Ländern in keinem Zusammenhang stehen mit der Höhe der Fallzahlen in diesen jeweiligen Staaten. „Die Intention dieser Studie war, dass man nicht alleine auf eine hohe Durchimpfungsrate setzen kann, weil auch andere Faktoren wichtig sind. Es braucht eine Vakzin-Plus-Strategie. Man muss, während man impft, in Hochinzidenz-Phasen auch noch mit anderen Maßnahmen arbeiten. Häufig ist diese Studie aber so ausgelegt worden, dass Impfen nichts bringe. Oftmals wurden Aussagen selektiv aus Studien herausgenommen und so gedreht, wie es jemandem in die eigene politische Anschauung passte. Davon haben wir international viel gesehen", kritisiert der Wissenschaftler.

### Lange Tradition der Wissenschaftsskepsis

Dass bewusst falsche Interpretationen von Studien kommuniziert werden, manipuliert die Öffentlichkeit und befördert die Skepsis vieler Menschen gegenüber wissenschaftlichen Erkenntnissen und Fakten. In Österreich kommt aber noch eine historisch gewachsene Geringschätzung der Wissenschaft hinzu. Das habe unter anderem mit dem Zweiten Weltkrieg zu tun, als „wissenschaftliches Know-how abhandengekommen ist", erklärt Peter Klimek. Viele Gelehrte und Forscher:innen wurden von den Nazis verfolgt, vertrieben und ermordet. „Vom Staat wurde im Sinne einer deutschen Medizin viele pseudowissenschaftliche Lösungsansätze propagiert, Stichwort: Homöopathie." Der Universitätsprofessor verweist auch auf historisch weiter zurückliegende Ereignisse. Für die verbreitete Skepsis gegenüber rationalem Denken und den Idealen der

Aufklärung ist auch die katholische Kirche verantwortlich. Die Gegenreformation sah in den Wissenschaften eine Gefahr für den Machtanspruch. Auch ein Grund, weshalb die Akademie der Wissenschaften in Österreich erst 1847 gegründet wurde. Die Leopoldina, die Nationale Akademie der Wissenschaften in Deutschland, besteht schon seit 1652, also rund 190 Jahre länger als die Akademie der Wissenschaften in Österreich.

Eine lange Geschichte gibt es hierzulande auch in der ablehnenden Haltung gegenüber dem Impfen. „Bereits der Tiroler Rebell Andreas Hofer (1767–1810) hatte am Anfang des 19. Jahrhunderts den Kampf gegen den Zwang zur Pockenimpfung auf seine Fahne geschrieben", erinnert Peter Klimek. Damals sei es darum gegangen, dass „Pockenimpfungen verpflichtend eingeführt werden sollten. Die Ablehnung war mit der Angst verbunden, dass Tirolern preußisches Blut eingeimpft werde". Patriotismus gepaart mit Engstirnigkeit war damals weit verbreitet.

Unterstrichen wurde die Skepsis vieler Österreicher:innen gegenüber rationalen Erkenntnissen der Wissenschaft auch durch die Überbetonung „kultureller Errungenschaften vor wissenschaftlichen Errungenschaften", erklärt der Physiker und Komplexitätsforscher. Dabei fällt ihm auch die ehemalige Wissenschaftsministerin der SPÖ, Hertha Firnberg, ein, die immer wieder vor diesem in Österreich falsch verstandenem Konkurrenzverhältnis von Kultur und Wissenschaft gewarnt hatte.[95]

Peter Klimek bedauert, dass das Ausmaß der Ungläubigkeit gegenüber der Wissenschaft in Österreich bis heute noch nicht tiefgehend erkannt und erfasst wurde. Dass Änderungen einer starren Haltung möglich seien, beweise das Beispiel Portugal. Das Land, welches 1986 Mitglied der EU wurde, hat es innerhalb von zwei Jahrzehnten durch intensive Bildungs- und Informationsarbeit sowie entsprechende Programme geschafft, in EU-weiten Umfragen über Anerkennung und Wertschätzung von Wissenschaft ganz nach vorne zu rücken.

### „Einen Schritt weiter zur Bananenrepublik"

Im Sinne der Aufklärung und des Vertrauens in die Resultate der Wissenschaft reagierte Peter Klimek durchaus emotional auf eine Äußerung des Landeshauptmannes von Salzburg, Wilfried Haslauer (ÖVP). Dieser hatte bei einer Pressekonferenz am 10. November 2021 Wissenschaftler:innen, im Besonderen Virolog:innen, lächerlich gemacht. Haslauer gab bei seinem Auftritt vor Medienvertreter:innen bekannt, dass er derzeit trotz hoher Corona-Infektionszahlen in seinem Bundesland nicht an einen Lockdown für Ungeimpfte denke. Dazu bemerkte er, „ein bisschen übertrieben", dass es den Virolog:innen wohl am liebsten wäre, „wenn sich jeder einzelne Salzburger und Österreicher in ein Zimmer einsperrt, weil da kann er sich nicht anstecken und niemanden infizieren. Er wird dann halt leider an Depression sterben, verhungern oder verdursten".[96]

Komplexitätsforscher Peter Klimek zeigte sich erschüttert über diese Aussage. Der Landeshauptmann habe „Virologen der Lächerlichkeit preisgegeben". Da müsse man sich fragen: „Was ist hier der Umgang, den man in Österreich mit der Wissenschaft pflegt?" Die Aufgabe der Wissenschaft in der Pandemie sei es, der Politik Evidenz bereitzustellen, sagte der Wiener Physiker. „Zurück kommen dann solche Aussagen, dass man nicht ernst genommen werden sollte." Im ZiB-2-Interview des ORF am 11. November 2021 befürchtete Peter Klimek: „Wenn dieses wissenschaftsfeindliche Klima weiter um sich greift, machen wir einen Schritt weiter zur Bananenrepublik." Dadurch werde es schwieriger, gute Wissenschaftler im Land zu halten.[97]

In unserem Gespräch beklagt der Professor, dass Aussagen wie jene des Salzburger Landeshauptmannes dazu beitragen, in der Bekämpfung der Pandemie den Populismus anzufeuern und „weniger auf evidenzbasiertes Handeln zu achten. Solche Aussagen blockieren uns langfristig im Pandemie-Management. Wenn man sich darüber von oberster politischer Ebene lustig macht und signalisiert, das braucht man nicht alles ernst zu nehmen, was Wissenschaftler sagen, dann wird das Vertrauen der Menschen in die Maßnahmen zerstört".[98] Die Botschaft solcher Aussagen von Politiker:innen ist klar: „Das Bauchgefühl ist wichtiger als die wissenschaftliche Erklärung."

Wen wundert es, dass angesichts solcher Aussagen à la Haslauer die Qualität des öffentlichen Diskurses leidet, die Einstellung der Bürger:innen gegenüber Politik und Wissenschaft weiter Schaden nimmt? Unterstrichen wird diese Stimmung durch einen inkonsistenten Kurs der Politiker:innen in der Pandemie. „Keine Partei hat eine konsistente Politik verfolgt", stellt Peter Klimek fest. Auch in Wien wurde während der Alpha-Welle diskutiert, ob man Schani-Gärten öffnen sollte. Er betont aber auch, dass – im Gegensatz zum Bund –

„Wien einen Lernprozess durchgemacht und nach der Alpha-Welle einen deutlich konsistenteren Kurs eingeschlagen hat. Dadurch ist die Bundeshauptstadt in der Pandemie bislang auch glimpflicher davongekommen."

Einen Höhepunkt der Hü-Hott-Mentalität und Chaos-Strategie erreichte die Corona-Politik der schwarz-grünen Koalition bei der Debatte über die Impfpflicht. Im Herbst 2021 hatte die Bundesregierung an der Erzählung festgehalten, dass die Pandemie für die Geimpften vorbei sei. Dann stiegen die Infektionszahlen, die Intensivstationen in den Krankenhäusern waren überfüllt. Die Impf-Kampagne war bereits im Sommer 2021 zum Stehen gekommen. Dann empfahl die Bioethik-Kommission die Impfpflicht für vulnerable Gruppen. „Die Impfpflicht für das Gesundheitspersonal wäre sehr sinnvoll gewesen", ist Komplexitätsforscher Klimek überzeugt.

Am 19. November 2021 vereinbarte die Bundesregierung in Abstimmung mit allen Landeshauptleuten bei einer Tagung im Tiroler Pertisau die Einführung einer bundesweiten Impfpflicht ab 1. Februar 2022 und gleichzeitig die Verhängung des vierten Lockdowns. Dieser dauerte vom 22. November bis 13. Dezember 2021, in Wien eine Woche länger. Damit sollte die Corona-Welle gebrochen werden.

Dann, am 9. März 2022, entschied die Bundesregierung, die Impfpflicht wieder auszusetzen, vorübergehend. Für viele Expert:innen kam diese Entscheidung völlig unerwartet, sie ist nicht zu verstehen. Für Peter Klimek ist es einfach eine „perverse Situation", dass „die Impfpflicht nicht einmal für das Gesundheitspersonal gilt".

Diese gesundheitspolitische Groteske um die Einführung der Impfpflicht und deren rasche Aussetzung trägt weiter zu einer Verunsicherung der gesamten Bevölkerung und zu einem spürbaren Vertrauensverlust gegenüber dem politischen Establishment bei.

### „Klar kommunizieren"

Was tun in dieser Situation? Und wie geht es weiter? Der renommierte Komplexitätsforscher antwortet nachdenklich: „In vielen Belangen kann Wissenschaft Unsicherheiten reduzieren, sie kann diese aber nicht auflösen." Oft genug habe er erlebt, dass die Politik gerne konkrete Antworten von Seiten der Expert:innen bekommen hätte. „Das kann die Wissenschaft nicht liefern." Eines würde allerdings helfen, Unsicherheiten und Misstrauen in der Bevölkerung zu reduzieren. Politiker:innen müssten lernen, „klarer zu kommunizieren, Unsicherheiten offen und ehrlich anzusprechen. Das ist die Stärke der Wissenschaft, genau angeben zu können, wo Unsicherheiten bestehen und wo nicht", sagt Peter Klimek und fügt hinzu: „Natürlich ist es aber nicht das, was sich Entscheidungsträger häufig wünschen."

Als gravierendes Problem, wenn auch nicht als ein neu erkanntes, definiert der Wissenschaftler „die Echo-Kammern in den sozialen Medien", wo Halbwissen, Nichtwissen und alle möglichen Verschwörungstheorien verbreitet sowie Expert:innen nicht selten angegriffen und denunziert werden. Das Virus hat Auswirkungen auf den sozialen Zusammenhalt in der Gesellschaft, von Spaltung ist die Rede. „Die Pandemie wirkt wie ein Brennglas, das bereits bestehende Missstände und Ungleichheiten verstärkt", sagt Peter Klimek.

Für ihn sei „der Umgang mit der Digitalisierung ein riesiges Zukunftsthema, das nur auf europäischer Ebene gelöst werden kann". Was das Sammeln und die Verwendung von Daten, im Besonderen auch Informationen über die persönliche Gesundheit angehe, braucht es „eine europäische Positionierung. Das chinesische Modell, wo man die digitalen Möglichkeiten zur absoluten Kontrolle jedes Einzelnen nützt und einen autoritären digitalen Staat errichtet, entspreche nicht dem europäischen Wertesystem und der liberalen Demokratie. Auf der anderen Seite wird in den USA alles den Marktkräften und der Manipulation durch Werbung überlassen. Europa steht dazwischen", beschreibt Peter Klimek und verlangt rasche Entscheidungen, um die „soziale Fragmentierung nicht noch weiter voranzutreiben. In den sozialen Netzwerken herrscht Wilder Westen".

## Datenanalyst Erich Neuwirth: „Mit Zahlen kann man die Welt besser verstehen"

Im Frühherbst 2020, also schon wenige Monate nach Ausbruch der Pandemie, ist Universitätsprofessor Erich Neuwirth bei der Analyse der Covid-Daten die Bedeutung von Statistik im Kampf gegen das gefährliche Virus bewusst geworden. „In meinen Arbeiten war erkennbar, dass ab Anfang Juli exponentielles Wachstum der Fallzahlen zu erkennen war. Es hat zwei Phasen mit einer kleinen Ruhepause dazwischen gegeben. Das war ein Warnsignal, auf das man früher hätte reagieren sollen", erklärt der renommierte Mathematiker und Statistiker. Mit einem Lächeln fügt er aber hinzu: „Damals hat noch niemand auf mich gehört. Jetzt holt die Stadt Wien öfter meinen Rat ein."[99]

Erich Neuwirth könnte schon längst in seinem Wohnort den Ruhestand genießen, aber lieber analysiert er Daten über Infektionszahlen und Todesfälle, vergleicht akribisch Zahlenreihen der Meldungen aus den Bezirksämtern, des Krisenstabes und der AGES. Das sind offizielle Quellen, die jedem zur Verfügung stehen. Auf Twitter hat der Professor Zehntausende, die ihm folgen. „In meinen Postings möchte ich öffentlich sagen, was die Daten hergeben und worum es geht." Das schätzen seine Follower, darunter auch sehr viele Journalist:innen und Interessensvertreter:innen. „Sie sind meine Multiplikatoren."

Auf seine Twitter-Einträge wird auch deswegen großer Wert gelegt, weil sie sachlich und informativ sind. Von Medien wird der Statistiker gerne als Gesprächspartner zu aktuellen Corona-Entwicklungen eingeladen.

### Höchste Corona-Todeszahlen

Im Dezember 2020 überrollte jene Corona-Welle Österreich, die die höchsten Todeszahlen zur Folge hatte. Die farbige Kurven-Grafik, die der Universitätsprofessor auf seinem iPad gespeichert hat, zeigt den hohen Wert der Sterbezahlen besonders anschaulich. „Statistik hat die Aufgabe, Daten mit Grafiken so aufzubereiten, dass man Wichtiges möglichst schnell sieht." In seiner Sammlung ist die Darstellung der Corona-Todeszahlen „die wichtigste Grafik", und er zeigt sich überzeugt von seiner Erkenntnis: „Wenn man damals rechtzeitig schärfere Maßnahmen ergriffen hätte, wäre es denkbar, dass man Todesfälle vermeiden hätte können."

Der Mann der Mathematik glaubt prinzipiell, dass „die Bundespolitik immer zu spät reagiert hat". Ein Grundsatz mancher Virolog:innen und Epidemiolog:innen lautet, dass man eingreifen soll, wenn die Zahlen fünf Tage hintereinander ständig steigen. Das wurde von der Bundesregierung nicht berücksichtigt. „Österreich hat länger gewartet", bemerkt Erich Neuwirth und stellt fest: „Der Wille vieler Politiker, ernsthaft auf Wissenschaftler zu hören, ist nicht so ausgeprägt, wie ich es für gut und sinnvoll halten würde."

Das hat sich für ihn auch unmittelbar nach zwei Corona-Krisensitzungen bestätigt. Dazu war er von der Bundesregierung unter dem ehemaligen Kanzler Sebastian Kurz (ÖVP) und den Landeshauptleuten eingeladen worden. „Ich hatte damals nicht das Gefühl, dass die Politiker hören wollten, was die Wissenschaftler zu sagen hatten." Dieser Eindruck des Statistikers hat sich bei diesen Sitzungen bestätigt, weil die Entscheidungen schon im Vorhinein festgestanden sind. „Wir sollten nur die Begründung dafür liefern." Doch das widerspricht dem wissenschaftlichen Anspruch von Erich Neuwirth, dem Seriosität und Glaubwürdigkeit sehr wichtig sind: „Wir sind doch keine Hilfswissenschaftler für Entscheidungen."

Kontakte auf Bundesebene hatte der Statistiker auch mit den ehemaligen Ministern Rudolf Anschober (Gesundheit) und Heinz Faßmann (Bildung). Zweimal hat ihn auch Ex-Bundeskanzler Sebastian Kurz (ÖVP) angerufen. Das Ergebnis der Telefonate war für ihn jedoch ernüchternd: „Was ich gesagt habe, war nicht so passend, dass man mich länger eingebunden hätte."

### Politiker:innen der Stadt Wien hören zu

Anders sind seine Erfahrungen mit den Politiker:innen der Stadt Wien verlaufen. Ab Herbst 2021 nahm er an Beratungen von Bürgermeister Michael Ludwig und Stadtrat Peter Hacker teil. „Es ist wohltuend, wie interessiert sie den Wissenschaftlern zuhören. Das schafft eine Vertrauensbasis zwischen Politik und Wissenschaft", bemerkt Erich Neuwirth. Und er weist darauf hin, dass er in den Sitzungen, die unter strengen Corona-Kontrollen mit Maske und aktuellem PCR-Test stattfanden, nicht das Gefühl hatte, „zur Rechtfertigung der Maßnahmen herangezogen zu werden". Noch etwas gefällt Erich Neuwirth am „Modell Wien". Die Expert:innen wurden zwar ersucht, mit den Inhalten der Sitzung nicht sofort an die Öffentlichkeit zu gehen, weil die Ergebnisse die Politiker:innen verkünden wollten. Aber: „Ein Gremium, in dem ich von vornherein eine Stillschweige-Klausel unterschreiben müsste, in das würde ich gar nicht gehen wollen", lautet sein Standpunkt.

Persönliche Treffen unter Einhaltung strenger Corona-Regeln findet er im Übrigen ganz entscheidend für Begegnungen, denn: „Vertrauen entsteht nicht über Zoom oder Skype."

Dass Wien die Daten und die neuesten Informationen stets öffentlich bekannt machte, gefällt dem Wissenschaftler. „Alles, was mit öffentlichen Geldern bezahlt wird, gehört auch offengelegt." Berichte, die mit Steuergeld finanziert werden und dann in der Schreibtischlade landen, hält Erich Neuwirth für „bedenklich".

Der Aufbau von Vertrauen für eine befriedigende und effiziente Zusammenarbeit zwischen Wissenschaftler:innen und Politiker:innen braucht Zeit. Notwendig ist auch ein Verständnis für Zweifel und dafür, dass Expert:innen nicht sofort Antworten auf alle Fragen geben können. „Oft wird zu viel und zu früh von der Wissenschaft erwartet, was sie eigentlich noch nicht weiß." Die Politik, sagt Erich Neuwirth, kann aber nicht immer auf die letzten evidenzbasierten wissenschaftlichen Erkenntnisse warten, sondern muss in manchen Fällen rasch entscheiden und handeln.

### „Frühzeitig Daten sammeln"
Um künftig schneller und besser Daten aufzubereiten und zu analysieren, erwartet Erich Neuwirth, dass „die Politik da-

für sorgen sollte, frühzeitig Daten zu sammeln". Das würde mit sich bringen, dass dafür entsprechend ausgebildetes Personal zur Verfügung steht. Er bedauert aber, dass es „im politischen Umfeld kaum vollberufliche Statistiker gibt".

Dabei wäre es so einfach, ginge es nach den Vorstellungen des Professors. „In kritischen Situationen sollte es problemfrei möglich sein, anonymisierte Datenbestände zusammenführen zu können." Das sei notwendig, um bestimmte Zusammenhänge sofort zu erkennen, zum Beispiel den Zusammenhang zwischen Impfquote und Covid-19-Erkrankung. „In Österreich sind das nach wie vor getrennte Datensätze."

In Ländern, in denen das Gesundheitssystem einen starken zentralen Fokus hat, funktioniert die Veröffentlichung und die Aufbereitung von Daten weitaus besser. Dazu zählen das Vereinigte Königreich oder auch Dänemark. Hierzulande, im föderal strukturierten Österreich, ist das viel schwieriger. „Bei uns werden Daten wie ein Schatz gehütet", klagt Erich Neuwirth.

Was seine bisherige Arbeit und seinen Einsatz als Wissenschaftler für die Bekämpfung der Pandemie angeht, ist er zufrieden: „Ich hoffe, dass meine Auswertungen und die Darstellung der Daten dazu beigetragen haben, dass Maßnahmen getroffen worden sind, die es sonst nicht gegeben hätte."

Für die Zukunft wünscht sich der engagierte Statistiker ein „besseres Verständnis für den Umgang mit Daten". Er unterstreicht sein Anliegen mit einem praktischen Beispiel: „Im nächsten Schuljahr sollten alle Schulen altersspezifisch die Corona-Daten verwenden und zeigen, was man aus diesen Daten über den Verlauf der Pandemie herauslesen und lernen kann. Schülerinnen und Schüler könnten auf diese Weise selbst zu Schlussfolgerungen kommen und nicht nur auf Ergebnisse warten. „Da die meisten Schulen jetzt schon Computer haben, gibt es durchaus die Möglichkeit, mit Daten die Ergebnisse selbst zu errechnen."

Wenn es um Zahlen und ihre Interpretation geht, kommt der Pädagoge und didaktisch geschulte Professor ins Schwärmen: „Zahlen sind nicht nur abstrakte Gebilde, sondern ein großartiger Weg, sich besser dem Erkennen der Welt zu nähern. Bislang hat das die Schule nicht vermittelt." Deswegen klingt sein Appell auch wie ein PR-Slogan für das Fach Statistik: „Mit Zahlen kann man die Welt besser verstehen, denn Zahlen erzählen Geschichten."

## Primarin und Gynäkologin DDr. Barbara Maier: „Die Impfung ist ein Geschenk"

Wir treffen uns im Krankenhaus-Büro von Barbara Maier, es ist ein kleiner, schlicht ausgestatteter Raum der Vorständin der Gynäkologisch-geburtshilflichen Abteilung der Klinik Ottakring. Mit ihrem Team ist die Universitätsprofessorin seit März 2020 beauftragt, Schwangere und Gebärende, die mit SARS-CoV-2 infiziert sind, zu betreuen. „Wir haben die meiste Expertise in ganz Österreich", sagt die erfahrene und umfassend ausgebildete Fachärztin mit beeindruckender akademischer Laufbahn.[100] Barbara Maier trägt einen weißen Arztmantel, öffnet das Fenster – Corona-bedingt – und nimmt ihre Maske ab. „Ich bin dreimal geimpft und regelmäßig getestet." Impfen, das ist für sie das wirksamste Mittel, die Pandemie zu bekämpfen.

Ruhig erzählt sie über ihren beruflichen Alltag an der Klinik, nicht nur, was die Praxis angeht, sondern auch die theoretische Meta-Ebene. „Am Anfang standen uns nur Studien aus Wuhan zur Verfügung, wir hatten kaum Informationen und noch wenig Equipment. Mit wenig Wissen waren Entscheidungen zu treffen. Es handelte sich in der Betreuung um Work in Progress. Die Verantwortung war groß."[101]

Die Ärztin betont, dass sie die Öffentlichkeitsarbeit nie gescheut habe, auch nicht, ihre Ansichten zu ändern, wenn es die jeweiligen Entwicklungen erforderten. „Am Anfang sagte ich, dass Frauen weniger betroffen seien als Männer, Junge weniger als Alte, also wird es schwangere Frauen nicht so arg treffen. Das mussten wir im Laufe der Zeit deutlich revidieren: Schwangere sind eine Risikogruppe, nicht was die Ansteckungsgefahr betrifft, die ist bei allen gleich groß, sondern was schwere Krankheitsverläufe angeht."

### Impfpriorisierung für Schwangere durchgesetzt

Die Widerstände gegen Impfungen in der Schwangerschaft waren weit verbreitet – und sind es bis heute. „Nicht nur unter Laien, sondern manchmal auch unter dem Personal im medizinischen Bereich. So werden Schwangere nicht dazu motiviert, sich impfen zu lassen", stellt Barbara Maier kritisch fest.

Sehr früh wurde die Impfung für Schwangere in Wien durchgesetzt. Stolz erzählt die Ärztin, dass es ihr in Zusammenarbeit mit Bürgermeister Michael Ludwig und Gesundheitsstadtrat Peter Hacker gelungen sei, eine Impfpriorisierung für Schwangere zu einem Zeitpunkt durchzusetzen, als es eine solche nur für besonders gefährdete Gruppen gab. Das fand zwei Tage vor Pfingsten 2020 statt. Rund 1000 Schwangere ließen sich an einem dieser Tage das Vakzin verabreichen. „Wir gehen in Wien von einem Schwangerenkollektiv von rund 18.000 bis 20.000 pro Jahr aus. 2000 Geimpfte an den Pfingsttagen, das war gut, aber dann stagnierte die Impffreudigkeit", sagt Barbara Maier und fügt hinzu: „Als das Impfen noch in der Priorisierungsschiene war, war die Bereitschaft zum Impfen größer, als sie es derzeit ist" (Frühjahr 2022, Anm.).

Die Vorständin der Gynäkologie-Abteilung unterstreicht, dass die Impfung für Schwangere „Off-Label-Use" ist, und dass es noch „keine spezifischen Studien zu Schwangeren und Impfen gibt". Es existiert aber ein großes Impfregister in den USA, das Vaccination-Safe-Registry, in dem Tausende Schwangere eingepflegt worden sind. Dabei zeigten sich „keine erhöhte Fehlbildungsrate, keine erhöhte Frühgeburtenrate, keine erhöhte Abortrate in der Frühschwangerschaft und keine sonstigen Zusatzprobleme. Die Impfung ist sicher", ist Barbara Maier überzeugt. Doch diese ermutigenden Erkenntnisse haben auch nicht geholfen, Schwangere zum Impfen zu bewegen. „Die Impfrate bei Schwangeren ist nach wie vor sehr gering", stellt sie resigniert fest.

In einer Pilot-Befragung an der Klinik Ottakring hat die Fachärztin versucht herauszufinden, wer geimpft ist, und wer nicht. Das Ergebnis: „Alle, die bei uns schwere Verläufe hatten, waren ungeimpft. Nur 13,6 Prozent der Gebärenden waren ab Kalenderwoche 38 bis Jahresende 2021 geimpft. Wenn Schwangere erkranken, erkranken sie deutlich häufiger extrem schwer. Eine Frau", bestätigt die Vorständin der Gynäkologie-Abteilung, „ist im Frühjahr 2021, als es noch keine Impfung gab, gestorben".

Faktum ist, dass Schwangere, die sich nicht gegen das Corona-Virus impfen lassen, ein besonderes Risiko haben, zu erkranken. „Keine, die eine Krankenhaus-Behandlung gebraucht hat, war geimpft."

Weit mehr als 400 schwangere Frauen sind seit Ausbruch der Corona-Pandemie auf Wiener Covid-Abteilungen stationär behandelt worden. Die Betroffenen, die bisher in der Klinik Ottakring versorgt worden sind, waren zwischen 28 und 33 Jahre alt. Der Krankheitsverlauf war recht unterschiedlich, berichtet die Gynäkologin. Während sich einige ungeimpfte Mütter relativ rasch von Covid-19 erholten haben, mussten andere „viele Wochen" auf der Intensivstation zubringen und um ihr Leben kämpfen. „Die Betreuung von hochschwangeren Covid-19-Patientinnen stellt für das gesamte Spitalspersonal eine enorme physische wie auch emotionale Herausforderung dar."

Abgesehen von der Behandlung und Betreuung ihrer Patientinnen gehört für die Ärztin auch ein umfassendes medizinisch-ethisches Verständnis zu ihrem Berufsbild. „In der Auseinandersetzung mit der SARS-CoV-2-Infektion und der Impfung hat sich sehr viel getan: Die Pandemie und die ganze Thematik sind massiv politisiert worden, insbesondere von einer Partei (zuerst FPÖ, ab 2021 auch die Impfgegner-Partei MFG, Anm.). Die Pandemie ist individualisiert worden, obwohl sogar die Bioethik-Kommission gesagt hat, die Pandemie sei keine Privatsache. Zudem ist die Impfung stark emotionalisiert. Die Unzufriedenheit umfasst alle sozialen Schichten. Wissenschafts- und Pharmafeindlichkeit machten sich breit. Dazu kam, dass die heutige Gesellschaft das Individuum mit sehr vielen Rechten, aber umso weniger Pflichten ausgestattet sieht. Oft hört man auch die Aussage: ‚Andere sollen sich impfen lassen, dann bin ich auch geschützt'. Die Pandemie ist ein Brennglas für unsere Gesellschaft. Viele glauben auch, Expert:in für die eigene Gesundheit zu sein. Das mag für manche Dimensionen gelten, für viele gilt es nicht", beschreibt die Professorin die zahlreichen Probleme.[102]

### Legitimation der Expert:innen

Ruhig und sachlich hinterfragt sie auch die Legitimation so mancher selbsternannter Expert:innen, die, egal ob informiert oder nicht, öffentlich ihre Meinung zu der gefährlichen Seuche kundtun. „Ärgerlich" findet es die Wissenschaftlerin, wenn Menschen, die keine diesbezüglich vorweisbare Kompetenz haben, über die Infektion sprechen. „Jeder kann jetzt in der Pandemie als Hobby-Virologe oder Hobby-Mediziner auftreten und Stellung beziehen. Ich spreche mit der Legitimation einer Ärztin, die ihre Expertise in SARS-CoV-2-Behandlungen von Schwangeren gewonnen hat, einer Medizin-Ethikerin mit philosophischem Doktorat, sowie einer Wissenschaftlerin, die an der eigenen Abteilung Publikationen zu diesem Thema fördert." Das ist für Barbara Maier inhaltliche Basis und Legitimation zugleich, sich zu Wort zu melden.

Die Ärztin ist beunruhigt, wenn Bundesheer-Generalmajor und GECKO-Co-Vorsitzender Rudolf Striedinger im Tarnanzug erklärt, die Spitäler seien nicht überlastet. „Zehn Prozent der Ärztinnen und Ärzte und des Pflegepersonals fallen durch Krankheit und K-1-Situation aus, zehn Prozent, das ist eine ganze Klinik in Wien. Für diese müssen Kolleginnen und Kollegen andere einspringen. Das tun wir nun seit gut zwei Jahren. Ich finde, dass jemand wie Herr Striedinger nicht die Kompetenz und Expertise hat, über die Situation in den Spitälern zu reden."

Wer ist nun legitimiert, etwas Vernünftiges zu sagen? Diese Frage lässt die Wissenschaftlerin nicht los. Ebenso nicht die Frage, welche Phänomene und Haltungen die Pandemie an die

Oberfläche der Gesellschaft befördert haben? Als ausgebildete Psychotherapeutin – „meine Richtung ist das Psychodrama" –, geht sie davon aus, dass „die Menschen mit sich und der Welt unzufrieden sind und in der Pandemie ein Feld gefunden haben, dieser Unzufriedenheit Ausdruck zu verleihen. Die Demonstrationen gegen die Corona-Maßnahmen zeigen, dass Menschen ein Wir-Gefühl in der Verweigerung erleben."

Keinesfalls förderlich für das Vertrauen der Bürger:innen in die Anti-Covid-Maßnahmen sind unterschiedliche Regelungen in den einzelnen Bundesländern. „Ich komme aus Salzburg. Dort diktiert der Tourismus, wann und was geöffnet wird", sagt Barbara Maier. Sie plädiert für flächendeckende Beschlüsse in Österreich. Denn unterschiedliche Maßnahmen je nach Region, unsachliche Erklärungen über das Ende der Pandemie, der widersprüchliche Umgang mit der Impfpflicht oder den Quarantäne-Regelungen seien „Wasser auf die Mühlen der Impfgegner".

Das Vorgehen der Stadt Wien im Kampf gegen das Virus lobt die Medizinerin. „Bürgermeister und Stadtrat haben die Experten befragt, das wurde dann auch in ihren Entscheidungen berücksichtigt." Gut habe ihr auch gefallen, dass Wien unter anderem klar festgelegt hat, dass man zum Beispiel nur geimpft und getestet ins Rapid-Stadion kommt. „Ich habe diese Aktionen sehr, sehr gut gefunden. Wiener Politiker sind dabei nicht der Frage nachgegangen, wo und wie sie sich wendehalsmäßig drehen müssen und wer sie dann wieder wählen wird, sondern im Vordergrund stand die Frage: Was können wir für die Bevölkerung nachhaltig tun."

## Sagen, was los ist

Werden Expert:innen von der Politik instrumentalisiert, für ihre Zwecke und kurzfristige PR eingesetzt? Die Antwort der Ärztin, die zum Corona-Berater:innenstab des Wiener Bürgermeisters gehört, kommt spontan: „Ich habe in keiner Weise den Eindruck, dass ich im Wiener Gremium instrumentalisiert werde. Ich kann dort sagen, was ich denke. Und ich bin bekannt als kritischer Geist."

Die Herausforderungen der Zwei-Millionen-Metropole in der Bekämpfung der Pandemie sind größer als im ländlichen Raum. Im Vergleich mit den anderen Bundesländern war Wien immer vorsichtiger und zurückhaltender, was Öffnungsschritte und Lockerungen von Anti-Covid-Maßnahmen anging. „Wien hat einen guten Weg eingeschlagen", stellt Barbara Maier fest, und sie schätzt auch, dass Ärzt:innen und Wissenschaftler:innen im „Bürgermeister-Gremium" gehört und ernst genommen werden. Nach den Empfehlungen und Stellungnahmen der Expert:innen „wird dann auch gehandelt. Das ist sehr hilfreich."

Als zunehmend belastend empfindet das Ärzt:innenteam an der Abteilung für Gynäkologie und Geburtshilfe der Klinik Ottakring den Widerspruch, selbst an evidenzbasierter Forschung zu arbeiten, aber gleichzeitig tagtäglich mit Patient:innen und Angehörigen konfrontiert zu sein, die skeptisch bis ablehnend wissenschaftlichen Erkenntnissen gegenüberstehen. „Wir verorten zumindest Empathieverluste", gibt die Chefin der Abteilung ganz offen zu. Aber in ihrem sehr gut eingespielten Team, in dem 15 Sprachen gesprochen werden und man Patientinnen so oft wie möglich auch eine kultursensible Betreuung zuteilwerden lässt, gilt: „Jede wird nach ihren Voraussetzungen auch psychosozial gut behandelt."

Das Problem, dass viele schwangere Frauen sich nicht impfen lassen, liegt nicht nur an falschen Informationen (Impfung führe zu Fruchtbarkeitsproblemen oder zu Zyklusstörungen), die in den Echo-Kammern sozialer Medien verbreitet werden, sondern oft auch an den Einflüssen der Ehemänner oder der Partner, die eine Impfung für ihre schwangere Frau ablehnen. Nicht selten kommt es sogar vor, berichtet Barbara Maier, dass Patientinnen nach der Entlassung aus der Intensivstation weiter auf ihrer Position beharren und sich nicht impfen lassen wollen.

### „Solidarisch denken"

Was tun in dieser Situation? Und warum fehlt es an Solidarität vieler Ungeimpfter gegenüber allen anderen? „Wir haben nicht gelernt, diszipliniert zu sein, auf andere Rücksicht zu nehmen. Du kannst alles, und ‚Geiz ist geil' heißt es in der Werbung", kritisiert die Universitätsprofessorin bestimmte Verhaltensweisen in unserer Gesellschaft. Und sie ist überzeugt, dass in einer Pandemie „verschiedene Maßnahmen und auch verschiedene Beschränkungen für die Menschen zumutbar sind. Wir müssen in der Pandemie solidarisch denken", lautet ihr Appell. „Leute, die sich selbst nicht schützen können, müssen von uns allen geschützt werden. Wir haben nicht nur Rechte, wir haben auch Pflichten. Wir müssen Maßnahmen setzen, uns schützen und uns impfen lassen", hält sie an ihrem

Grundsatz fest. „Wenn ich in einem gut funktionierenden Gesundheitswesen gut behandelt werden möchte, dann muss ich
diesem Gesundheitswesen nicht nur als Ärztin behilflich sein,
sondern auch als jetziger und zukünftiger Patient. Das bedeutet, dass auch ich mich impfen lasse, wenn ich mich impfen lassen kann und medizinisch nichts dagegenspricht. Das bedeutet, dass ich in dieses Gesundheitswesen mit meinen Steuern
und Krankenkassenbeiträgen hineininvestiere für eine Zeit, in
der ich es vielleicht brauche. Und wenn ich es nicht brauche,
dann bin ich privilegiert und in der glücklichen Lage sagen zu
können, ich habe anderen Menschen damit geholfen.“

Barbara Maier bedauert, dass diese Einstellung „nicht
mehr am Horizont vieler Menschen aufscheint, die nur sagen,
ich brauche, ich will, ich habe Rechte. Es gibt aber auch Pflichten“, unterstreicht sie ihr Credo und holt noch einmal weit aus:
„Wir haben ein formidables Gesundheitswesen. Bei uns ist
jede willkommen. Wir behandeln medizinisch alle gleich. Wir
würden gerne alle auch einladen, das Ihre dazuzutun und sich
impfen zu lassen, damit es so bleiben kann. Es soll verhindert
werden, dass viele Menschen, die SARS-CoV-2-positiv sind, in
den Spitalsbetten auf den Normalstationen liegen und dadurch
weniger Platz für Leute zur Verfügung steht, die ebenfalls unsere Hilfe brauchen. Zum Beispiel jetzt Menschen aus der Ukraine. Wir brauchen die Betten, um allen zu helfen. Wir wollen
auch keine Operationen verschieben müssen.“ Eindringlicher
kann man es nicht sagen.

Die Erfahrungen, die Barbara Maier seit Ausbruch der
Pandemie als Vorständin der Gynäkologisch-geburtshilfli-

chen Abteilung gemacht hat, sind nicht nur freundlicher Art. Dankbarkeit ist keine selbstverständliche Kategorie. „Wir sind traurig, wenn wir hören, dass sich Patientinnen unter Druck gesetzt fühlen, weil wir empfehlen, dass sie sich durch die Impfung schützen sollen. Es kommt vor, dass Leute sich sehr negativ äußern, zum Beispiel mir erklären, auf der Intensivstation würden Impfopfer liegen. Ich verstehe das nicht." Spontan fällt ihr der aufrüttelnde Titel eines aktuellen Buches ein: „Dummheit".[103] „Dummheit ist salonfähig geworden", sagt die Ärztin nachdenklich.

„Wie weit geht Ihre Toleranz unter der extremen Arbeitsbelastung seit zwei Jahren?", möchte ich gerne zum Abschluss unseres Gespräches von der Ärztin wissen, die mit Leidenschaft und Engagement ihrem Beruf nachgeht. „Ich war immer sehr tolerant, habe mich bemüht, humanistisch zu agieren. Ich ändere jetzt gerade meinen Toleranzbegriff: Keine Toleranz mehr für Intolerante. Ich möchte diese Egomanie nicht mehr tolerieren, diese Haltung: Ich will alles, aber ich gebe nichts, ich brauche mich nicht um Solidarität zu kümmern, ich brauche nichts für die Gemeinschaft zu tun."

Es gibt aber auch Momente der Ermutigung für Barbara Maier: „Es kommt vor, dass eine Patientin schließlich sagt, ich lass' mich jetzt impfen. Die Impfung ist ein Geschenk", lautet das Credo der langjährig praktizierenden Ärztin.

## Primar Dr. Arschang Valipour: „In Wien gab es sehr früh innovative Ansätze"

Der Arzt erscheint im dunkelgrünen Operationsgewand, er lächelt freundlich, nimmt Platz am kleinen Besprechungstisch und legt sein mobiles Krankenhaustelefon zur Seite. Der Arbeitstag von Arschang Valipour, Vorstand der Abteilung für Innere Medizin und Pneumologie der Klinik Floridsdorf, ist extrem durchgetaktet. Einige Male läutet sein Telefon. Der Facharzt und Covid-19-Experte ist ein gefragter Mann.

Etwas mehr als 2500 Corona-infizierte Patient:innen wurden in den ersten zwei Pandemie-Jahren in der Floridsdorfer Klinik behandelt, davon der Großteil auf der Station von Doktor Valipour.[104] Nach Ausbruch der ersten Welle im Frühjahr 2020 habe sich wenige Monate danach bestätigt, dass „Covid eine schwere Erkrankung" sei. Auch junge Menschen mussten auf der Intensivstation behandelt werden. Bei der älteren Bevölkerung war die Sterblichkeitsrate extrem hoch, beschreibt er den Anfang der Pandemie.[105]

Dann kam die Impfung: Im März 2021 war bereits, zumindest in Wien, ein relativ hoher Anteil der Personen ab 75 Jahren geimpft. „Durch die Impfung gingen die hohe Sterblichkeit und die schweren Krankheitsverläufe zurück."

Mit dem Start der Impfungen kam es bald zu den „ersten Konfrontationen" mit Impfskeptiker:innen und Impfgegner:innen, die „speziell gegenüber der neuen Technologie mRNA" auftraten. „Im Krankenhaus wurden die Patienten aus therapeutischen Gründen gefragt, ob sie geimpft sind oder nicht", sagt der Primar. „Die klinische Erfahrung, die wir in den vergangenen zwei Jahren gemacht haben, ergab, dass ein Großteil der Menschen sehr dankbar über die Impfung war." Ab Mai 2021 gab es das flächendeckende Impfangebot. Doch manche Patienten, die in die Klinik kamen, waren ungeimpft. „Viele bereuten es, waren indigniert und konnten nur selten ihre Argumente, warum sie die Impfung abgelehnt haben, vernünftig kommunizieren. Nach einem schweren Verlauf waren sie aber froh, alles gut überstanden zu haben. Sie erkannten, dass es eine Fehlentscheidung war, die Impfung verweigert zu haben. Viele gaben dies zu, einige wenige haben es nicht thematisiert, oder sie wollten es nicht wahrhaben, weil es ihnen offenbar unangenehm war." Der Internist spricht von einer „kleinen Minderheit", von „Einzelfällen", die darauf beharrten, sich nicht impfen zu lassen. „Die meisten Patienten waren einsichtig und haben es bedauert."

Demnach war der Anteil der Hardcore-Impfgegner:innen an der Klinik Floridsdorf „überschaubar gering". In der Gesamtbevölkerung hat sich das Verhältnis zwischen Geimpften und Ungeimpften im Laufe der Zeit verändert. Im Frühjahr 2022 gibt es knapp unter 70 Prozent „Geboosterte" (dreimal geimpft). Allerdings, und darauf macht der Arzt aufmerksam, hat sich die Zahl der ungeimpften Covid-Patient:innen auf der Intensivstation kaum verändert. Ihr Anteil überwiegt. „Zwischen 60 und 80 Prozent sind dort ungeimpft. Durch Omikron hat sich das Bild geändert. Jetzt ist Corona oft ein Nebenbefund und nicht der ursprüngliche Grund für eine Behandlung auf der Intensivstation", erklärt Arschang Valipour.

Für ihn steht jedoch fest: „Das Virus kann Komplikationen verursachen."

Vorsichtig, fast diplomatisch, drückt der Mediziner sein Unbehagen über eine fehlende flächendeckende Impf-Aufklärung und Impfkampagne in Österreich aus. „Ich habe wahrgenommen, dass die Impfkampagne zu wenig individualisiert, personalisiert und zu wenig kreativ war. Da gibt es gute Beispiele aus anderen Ländern, wo die Werbespots viel besser waren, ich denke an Frankreich, Dänemark und Portugal. Man hätte kreativer, vielfältiger, individualisierter und viel früher auf Zielgruppen ausgerichtet, vorgehen sollen. Damit hat man zu spät begonnen."

Trotz der Versäumnisse sei es aber „nicht zu spät. Wir werden um weitere Impfungen nicht herumkommen. Wir müssen alles dafür tun. Wie bei der Grippe müssen wir auch gegen das SARS-CoV-2-Virus alle Anstrengungen aufrechterhalten. Es wird auch in den nächsten Jahren, wenn nicht Jahrzehnten, geimpft werden müssen. Dabei gilt es, Zielgruppen-orientiert vorzugehen". Es sei ein Faktum, dass „wir viele Impfskeptiker haben. Das bedeutet, dass Österreich mehr machen muss. Es braucht andere Überlegungen, andere Incentives, andere Kampagnen", lautet der dringende Appell des Arztes.

Wien habe sich in puncto Impfmanagement sehr bemüht, räumt Arschang Valipour ein: „Viele Initiativen wurden gesetzt: Ob Impfbus, Impfschiff, niederschwellige Impfaktionen in religiösen Stätten oder Supermärkten – das Angebot war sehr gut aufgestellt." Nach kurzem Zögern sagt der Arzt selbstbewusst: „Ich glaube, wir – und ich nehme mich bewusst mit ins Boot –

haben das sehr gut gemacht, jedenfalls so gut wir konnten. Einige Verbesserungen wären sicher möglich gewesen. Wir hätten uns auch mehr an anderen Ländern orientieren können."

**„Wir waren bei vielen Therapien die ersten"**

Er gibt ein Beispiel dafür, was er in der Bewältigung der Pandemie in Wien „besonders gut fand": Innerhalb des Wiener Gesundheitsverbundes wurden sehr rasch Strategien entwickelt, wie man die Patientenversorgung für Covid-Erkrankte und die Akutmedizin aufrechterhält. „Es gab einen Stufenplan, eine gute Kommunikation innerhalb der Kliniken, regelmäßige Updates und Sitzungen, oft jeden zweiten Tag. Die Entwicklung der Fallzahlen wurde transparent kommuniziert. Wir haben uns sehr früh zusammengeschlossen, auch die Fachexpert:innen, um gemeinsame Behandlungsprotokolle zu erstellen, zu standardisieren und innerhalb der Klinik zu verbreiten. Wir haben dadurch sichergestellt, dass jeder die bestmögliche neuste Therapie, sofern sie in Österreich verfügbar war, auch bekam. Da haben andere Bundesländer wesentlich mehr Schwierigkeiten gehabt, sie sind auch viel später dran gewesen. In Wien gab es sehr früh diese innovativen Ansätze, wir waren bei vielen Therapien die ersten", erklärt er das Vorgehen und resümiert nochmals die Arbeit: „Durch gute und flächendeckende Kommunikation, durch ein starkes Miteinander, durch die Standardisierung von Prozessen und Abläufen haben wir vieles gut gemacht."

Arschang Valipour ist Mitglied des Beraterstabes von Bürgermeister Michael Ludwig. Seine Erfahrungen sind positiv, auch wenn er zu Beginn zurückhaltend gegenüber dem Beratergremium eingestellt war. „Jetzt aber weiß ich es persönlich zu schätzen, dass sich der Bürgermeister die Sorgen, die es in den Kliniken gab, angehört hat. Am Anfang war ich als Arzt, der seit 25 Jahren im Wiener Gesundheitsverbund arbeitet, skeptisch. Ich dachte mir, das sind politische Legitimationssitzungen, wo man vorgibt, mit Experten zu tun zu haben, und dann trifft man eine politisch vorgefertigte Entscheidung." Es gestaltete sich aber anders: „Ich habe wirklich authentisch wahrgenommen und erlebt, dass es in der Stadt Wien nicht so war: Der Bürgermeister, Gesundheitsstadtrat Peter Hacker, der Medizinische Direktor des Wiener Gesundheitsverbundes, Michael Binder, haben wirklich zugehört. Sie haben sich nach der aktuellen Lage und den Problemen an den Kliniken erkundigt. Jeder Einzelne im Beraterstab wurde angehört, von jedem wurde ein Feedback erbeten. Es gab keine vorgegebene politische Linie, jede Frage wurde bedarfsorientiert entschieden. Die Stadtregierung hat sich von uns Klinikern Rückhalt für ihre gesundheitspolitischen, aber auch wirtschaftlichen Entscheidungen geholt", beschreibt Arschang Valipour die Abläufe im Berater:innenstab.

### „Covid wird nicht verschwinden"

Für den Arzt ist Covid – aus medizinischer Sicht – noch lange nicht vorbei. „Covid wird nicht verschwinden. Es bleibt ein Thema, und es wäre falsch, jetzt den Kopf in den Sand zu stecken." Es werde weiterhin erforderlich sein, die Menschen zu informieren und sie aufzuklären.

Valipour betont, dass die Medizin derzeit „viel mehr Werkzeuge in der Hand hat, um dem Virus die Gefährlichkeit zu nehmen. In den vergangenen zwei Jahren, seit Ausbruch der Pandemie 2020, ist einiges weiter gegangen. Es wird viel geforscht, es gibt bessere medikamentöse Behandlungen, neue Therapien für die Akuterkrankung, die Nasenimpfung wird kommen, die lokal durch ein Nasenspray verabreicht wird. Da wird noch viel an neuen Entwicklungen auf uns zukommen“. Auch wenn die Medizin die Krankheit besser in den Griff bekommt, sie auch besser vermeiden kann, eines wird bleiben: „Es wird immer vulnerable Gruppen geben. Covid-19 wird in unseren Spitalsalltag als neue Diagnose Einzug finden, wie andere Erkrankungen auch.“

Arschang Valipour geht davon aus, dass „künftig der Anteil der Covid-19-Erkrankten geringer sein wird als in den vergangenen zwei Jahren“. Das wird aber nur gelingen, wenn die Impfquote hoch genug ist. Und das ist das Problem.

### „Österreich muss beim Impfen besser werden“

„Weil wir prinzipiell eine Impffaulheit haben, muss Österreich beim Impfen besser werden.“ Dafür bedarf es „einer medizinisch gesamtheitlichen Strategie“, sagt der Facharzt. Diese werde derzeit entwickelt, und es gehe darum, „wie wir mit Eskalations- und Deeskalationsstufen umgehen, die in der Vergangenheit Einschränkungen für Nicht-Covid-Betroffene gebracht haben. Das ist langfristig kein Konzept, das müssen wir ändern, und darauf bereiten wir uns jetzt vor“.

Der Vorstand der Abteilung Innere Medizin, Pneumologie und Intensivmedizin erwartet sich von der Bundesregierung eine bessere Kommunikation über die Erkrankung und die Impfung. „Ich glaube, dass wir es in Österreich in Summe mit der Kommunikation rund um Covid ‚versemmelt‘ haben. Wenn ich über die Stadt Wien hinaus gehe und auf das ganze Land schaue, glaube ich, dass viele Menschen verunsichert sind, weil es keine homogene Kommunikation und keine homogene Weitergabe von Plänen gibt. Das hat nicht nur bei mir persönlich, sondern auch bei den Patienten zu Kopfschütteln geführt.“

Arschang Valipours Fazit klingt sehr einfach, ist aber – so zeigt es zumindest die Vergangenheit – nicht so leicht umzusetzen: „Die Politiker müssen klar und einheitlich kommunizieren. Der Föderalismus ist problematisch für jede Pandemiebekämpfung. Es sollte im Vorfeld festlegt werden, was man der Bevölkerung mitteilen möchte. Man muss mit einer Stimme nach außen sprechen. Wenn es da keine Änderungen gibt, ist das Wasser auf die Mühlen der Impfgegner.“

TEIL 3
# Folgen und Konsequenzen

Die Corona-Krise hat unser Leben massiv verändert. Die Pandemie hat prekäre Lebenssituation verstärkt und viele Menschen in Armut getrieben. Einer besonderen Herausforderung ausgesetzt waren Menschen mit Berufen im Pflege- und Gesundheitsbereich.

Die Wirtschaft, darunter auch die gesamte Tourismus-Branche, wurde auf eine harte Probe gestellt und hat in vielen Fällen mit Improvisationsgeschick und Teamspirit die Lockdowns gemeistert. Dabei entstand aber auch ein enormer Innovationsschub: Neben einer rasanten Digitalisierung wurden Arbeitsprozesse neu aufgesetzt und viele Präsenztermine in Online-Formate gegossen. Umdenken musste auch der Bildungsbereich. Monatelang waren Schulen und Universitäten geschlossen, der Unterricht fand online statt.

# Mehr als eine statistische Größe: Armut

Was für eine Meldung im dritten Corona-Jahr: Ende April 2022 teilt die Statistik Austria mit, dass es „keinen Anstieg der Armut durch Corona gibt".[106] Verantwortlich dafür seien zu einem guten Teil die gewährten Sozialleistungen wie auch die Kurzarbeit, heißt es von Seiten der Statistikbehörde.

Geringfügige Definitionsänderungen und eine Anpassung der Indikatoren haben ergeben, dass es im Jahr 2021 in Österreich rund 1.519.000 Armuts- oder Ausgrenzungsgefährdete nach Definition der „Europa 2030-Strategie – Europäische Säule sozialer Rechte" gibt. Das entspricht 17,3 Prozent der Gesamtbevölkerung.

Dass der befürchtete Anstieg der Armut Corona-bedingt ausgeblieben ist, begründet die Statistik Austria mit einem der zentralen Ergebnisse ihrer Erhebung: Demnach waren 2021 rund 160.000 Personen oder 1,8 Prozent der Bevölkerung in Österreich erheblich materiell und sozial benachteiligt, da sie sich mehrere grundlegende Ausgaben zur Sicherung des Mindestlebensstandards nach EU-Definition nicht leisten konnten. Im Jahr davor lag der Wert noch bei drei Prozent.

Allerdings räumt die österreichische Statistikbehörde ein, dass sich gewisse Daten verschlechtert haben: Unerwartete Ausgaben können nun 19 statt 18 Prozent nicht mehr bewältigen.

Deutliche Auswirkungen hatte die Pandemie auf die Beschäftigung. Im Jahr 2021 waren deutlich mehr Haushalte von Erwerbslosigkeit oder geringer Erwerbsintensität betroffen:

469.000 Personen bzw. 7,4 Prozent der unter 64-Jährigen lebten in Haushalten, in denen nur eine geringe Erwerbsintensität erreicht wurde. 2020 waren es noch 6,1 Prozent.

Dabei bewährte sich die Kurzarbeit. Menschen, die 2020 von diesem Instrument profitierten, waren zu acht Prozent armutsgefährdet. Dieser Wert unterschied sich kaum von jenem der Personen, die das ganze Jahr erwerbstätig waren (sieben Prozent). Zum Vergleich: Langzeitarbeitslose hatten mit 57 Prozent Armutsgefährdung ein erheblich höheres Armutsrisiko.

Sozialleistungen sind durch die Pandemie für mehr Haushalte zu einer bedeutsamen Einkommensquelle geworden. Sie reduzierten die Armutsgefährdungsquote im Jahr 2021 um 44 Prozent. Über eine Million Menschen bzw. zwölf Prozent der Bevölkerung hatten im ersten Jahr der Corona-Krise hauptsächlich Einkünfte aus staatlichen Sozialtransfers, wie Arbeitslosen- oder Familienleistungen. Dabei hätten diese Haushalte zumeist einen deutlich geringeren finanziellen Spielraum als andere, verlautbarte die Statistik Austria.

„Man muss die Armutszahlen mit Vorsicht betrachten. Die meisten Menschen haben eine konkrete Vorstellung davon, was arm sein bedeutet. Wie sich Armut am besten messen lässt, ist aber weniger klar", sagt Norman Wagner, Sozialexperte der Arbeiterkammer Wien. „Die Daten, die Statistik Austria verwendet (EU-SILC – European Statistics on Income and Living Conditions) zeigen Armut nur sehr eingeschränkt. Es werden die Einkommen von Haushalten verglichen und nicht von Personen. Ein paar Tausend Leute werden befragt, und das Ergebnis wird dann auf die Gesamtbevölkerung hochgerechnet. 20 Prozent mehr Menschen als im Jahr 2020 leben derzeit hauptsächlich von Sozialleistungen", erklärt der Ökonom.[107] Daraus zieht er den Schluss, dass „der Sozialstaat hält. Die Sozialleistungen und das Modell der Kurzarbeit waren ein voller Erfolg".

Norman Wagner schlägt vor, „die Armutsmessung durch Referenzbudgets als sinnvolle Alternative zu ersetzen. Die Referenzbudgets zeigen, wie viel Geld zumindest nötig ist, um in unserer Gesellschaft leben zu können, ohne in grundlegenden Bereichen ausgeschlossen zu sein".

Armutsgefährdung nach den Berechnungen von EU-SILC bedeutet, dass jemand über weniger als 60 Prozent dessen verfügt, was diejenigen zur Verfügung haben, deren Einkünfte sich genau der Mitte der Verteilung der Einkommen und Sozialleistungen befinden (Medianeinkommen). Aktuell sind das 1328 Euro für Alleinstehende. Referenzbudgets weisen für Österreich für diese Personen einen Betrag von 1459 Euro aus. [108]

Sehr zurückhaltend interpretierte die Caritas die veröffentlichten Zahlen der Statistik Austria zur Armut: „Es sind heute mehr Menschen von Armut gefährdet als vor der Pandemie – und dies trotz zahlreicher Maßnahmen, die aufgrund der Krise zusätzlich umgesetzt wurden", erklärte Anna Parr, Generalsekretärin der Caritas Österreich.[109]

Sie wies darauf hin, dass in den veröffentlichten Zahlen von Statistik-Austria das zweite Corona-Jahr (2021) und die aktuelle Teuerungswelle noch nicht berücksichtigt seien. „Jedoch sehen wir in den Caritas-Beratungsstellen aktuell Armutssituationen, wie wir sie seit Langem nicht mehr erlebt haben." Die Sozialleistungen müssten dringend an die aktuelle Rekordinflation angepasst werden, verlangte die Caritas-Generalsekretärin.

Unzufrieden reagierte auch die Volkshilfe. Denn bereits 2020 sei von der Regierung die Halbierung der Armut versprochen worden. Zudem seien in den 2021er-Zahlen noch nicht die Folgen der Teuerung abgebildet. Die Volkshilfe stellt in einer Aussendung fest, dass das Risiko sozialer Ausgrenzung für Kinder ungleich höher sei, nämlich 23 Prozent gegenüber der Gesamtbevölkerung mit nur 17 Prozent.[110]

Der wirtschaftspolitische Think Tank „Momentum Institut" rechnete vor, dass Familienbeihilfe, Studienbeihilfe, Mindestsicherung, Pflegegeld, Arbeitslosengeld und Ausgleichszulage seit Jahresbeginn 2022 durch die hohe Inflation an Kaufkraft eingebüßt haben. 36 Millionen Euro verlorene Kaufkraft bezifferte das Institut. „Der Kaufkraftverlust bei den Sozialleistungen ist für Haushalte, für die jeder Euro zählt, in Zeiten hoher Inflation kaum zu verkraften", heißt es in einer Aussendung. „Die nachhaltigste Unterstützung für diese Haushalte wäre, die Sozialleistungen anzuheben, um das Niveau der Kaufkraft von 2020 zu erreichen."[111]

### Hart von der Krise betroffen

Gruppen, die schon vor der Krise als benachteiligt galten, wie Alleinerzieher:innen, wurden durch die SARS-CoV-2-Seuche noch stärker betroffen: Ihre Situation hat sich weiter verschlimmert, was eine Studie der Wirtschaftsuniversität (WU) Wien mit dem Titel „Armutsgefährdung und soziale Ausgrenzung von Ein-Eltern-Haushalten in Österreich" zeigt, die Ende März 2022 in Wien präsentiert wurde. Demnach waren 2020 in Österreich 45 Prozent der Familien mit nur einem Elternteil armuts- oder sozialausgrenzungsgefährdet. Je nach Erhebung sind in Österreich zwischen zehn und 20 Prozent der Familien Haushalte mit einem Elternteil, heißt es in der Untersuchung.

Die Zunahme der Armutsgefährdung alleinerziehender Mütter oder Väter führen die beiden Autorinnen der WU-Studie auf zwei Faktoren zurück: Weniger Alleinerziehende sind ganzjährig vollzeiterwerbstätig und gleichzeitig gibt es mehr Alleinerziehende mit nicht österreichischer Staatsbürgerschaft (2021: 23 Prozent).

Von einem höheren Armutsrisiko sind nicht nur Alleinerziehende betroffen, sondern auch Menschen, die schon vor der Krise arbeitslos waren und über eine niedrige Bildung und Berufsqualifikation verfügen. So sind in der Corona-Krise Ausländer:innen, Junge und Langzeitarbeitslose überproportional von der erhöhten Arbeitslosigkeit und damit von Armut betroffen, erklärte Universitätsprofessorin Karin Heitzmann. Neu gefährdet seien auch die vielen Selbstständigen, denen die Erwerbsgrundlage weggebrochen ist (zum Beispiel Einpersonen-Unternehmen). Hinzu kamen besondere Belastungen durch Homeschooling und Homeoffice, unter dem Alleinerziehende, Großfamilien und bildungsfernere Familien besonders gelitten hätten. Die WU-Studie zeigt auch auf, dass es durch die Pandemie zu einer Zunahme der Nachfrage nach Sozialleistungen kam.

Um Armut und Armutsgefährdung zu reduzieren und das

Einkommen betroffener Haushalte zu erhöhen, ist die Politik gefordert: Es braucht ein umfassendes Maßnahmenpaket, etwa höhere Absetzbeträge oder Negativsteuern bei geringem Erwerbseinkommen, höhere soziale Transferleistungen, höhere Unterhaltsvorschüsse sowie Sach- und Dienstleistungen in der Familien-, Gesundheits-, Arbeitsmarkt- und Wohnungspolitik. Es zeigt sich „wie wichtig ein existenzsicherndes und gutes Arbeitslosengeld ist, wie massiv sich beengtes Wohnen auf Bildung und Gesundheit der Kinder auswirkt – und wie stark Depressionen und Einsamkeit mit Existenzangst verbunden sind", fasst Sozialexperte Martin Schenk von der „Armutskonferenz", einem sozialen Netzwerk, die Ergebnisse einer Erhebung zur sozialen Lage aus Sicht von Armutsbetroffenen zusammen. Die Untersuchung unter dem Titel „Von unten gesehen" wurde Ende November 2021 in Wien vorgestellt.[112]

## Zukunft der Armutsbekämpfung: Auf der Suche nach Finanzierungsquellen

Die Frage, die sich viele Sozialexpert:innen stellen, ist: Wie geht es weiter nach der Pandemie? Wie reagiert der Finanzminister auf steigende Energie- und Lebensmittelpreise? Und wird bei den Sozialausgaben des Staates gespart? Am Beginn der Pandemie hat die österreichische Bundesregierung die Devise ausgegeben: „Koste es, was es wolle". Doch gilt das auch für öffentliche Leistungen des Sozialstaates, der in der Corona-Pandemie viel abgefedert hat? Die Ausgaben, die für den Sozialstaat aufgewendet werden, machen in Österreich 63 bis 65 Prozent der gesamten öffentlichen Ausgaben aus, die bei rund

130 Milliarden Euro liegen. Die großen Brocken der öffentlichen Leistungen entfallen auf Pensionen und auf den Gesundheitsbereich. Die Ausgaben für Sozialhilfe bzw. Mindestsicherung, über deren Höhe viel diskutiert wird, belaufen sich auf rund 0,8 Prozent der Sozialausgaben. Eigentlich eine Quantité négligeable im Vergleich zu vielen anderen Ausgaben.

AK-Sozialexperte Norman Wagner schlägt zur langfristigen Finanzierung des Sozialstaates und zur Gerechtigkeit bei der Lastenverteilung die Einführung einer Vermögenssteuer vor, ein langjähriges Streitthema unter Ökonom:innen und Politiker:innen rechts und links der Mitte. Gleichzeitig rufen Wirtschaftsvertreter:innen nach Steuersenkungen und Steuererleichterungen. Dagegen spricht sich der Sozialforscher der Arbeiterkammer aus: „Steuersenkungen sollten verhindert werden, um die Aufrechterhaltung des Sozialstaates nicht zu gefährden."

### Reichtum vermehrt sich

Norman Wagner bemängelt auch, dass die Armutsdaten von Statistik Austria nichts darüber aussagen, wie Vermögen in Österreich verteilt sind. „Und die sind bei weitem noch ungleicher verteilt als die Einkommen." Die Schere zwischen Arm und Reich geht weiter auf.

Während der Corona-Krise haben sich auf Seiten der Superreichen die Vermögen noch mehr angehäuft. Laut dem Magazin Forbes stieg seit Anfang 2020 die Zahl der Milliardäre weltweit um 660 auf insgesamt 2755 an. In Österreich ist nach Angaben des Wirtschaftsmagazins *trend* das Vermögen der hundert reichsten Österreicher:innen von 2020 auf 2021 um 15 Prozent angestiegen. „Ein Prozent der Haushalte besitzt ein Viertel des Nettovermögens", sagte Christine Mayrhuber, Ökonomin beim Wirtschaftsforschungsinstitut (WIFO) bei einem Arbeitslosigkeits- und Armutsgipfel von AK und ÖGB im Oktober 2021 in Wien.[113] Zu den Gewinnern der Pandemie gehören die Immobilienbranche sowie der Technologiebereich und der Online-Versandhandel Letztere profitierten stark vom Trend zur Digitalisierung, der durch monatelange Schließungen von Geschäften verstärkt wurde.

Eine wichtige Rolle spielte die Digitalisierung auch im Bildungsbereich. Wie nie zuvor waren Lehrer:innen und Schüler:innen von einem guten Internet-Zugang abhängig, gelehrt und gelernt wurde online.

Das gilt auch für den Arbeitsalltag. Homeoffice ist gekommen, um zu bleiben.

## Gesundheits- und Pflegeberufe unter Druck

Zuerst wurden sie beklatscht, ihr Einsatz gelobt. Anerkennung brachte man den Pfleger:innen sowie den Mitarbeiter:innen sämtlicher medizinischer Berufe entgegen, wenn auch kein höheres Gehalt. Aber immerhin Wertschätzung. Der Zuspruch ebbte langsam ab.

Im dritten Pandemie-Jahr können die Auswirkungen der Corona-Krise auf Angehörige der Gesundheitsberufe nur mehr mit drastischen Worten beschrieben werden. Wie sehr das Personal in der Gesundheitsversorgung und Langzeitpflege – von den Pfleger:innen, Therapeut:innen, Heimhelfer:innen bis zu Sanitäter:innen und Sozialbetreuer:innen – durch die Pandemie herausgefordert war und noch immer ist, zeigt eine Online-Umfrage zur psychischen Gesundheit im Gesundheitswesen und der Langzeitpflege. Unter dem Titel „Ich glaub', ich krieg' die Krise" wurde die Untersuchung von Vertreter:innen verschiedener Institutionen mit der Bezeichnung „Offensive Gesundheit" im Oktober 2021 in Wien vorgestellt.[114]

Die Ergebnisse – zusammengefasst – sind ernüchternd: „Die Arbeitnehmerinnen und Arbeitnehmer im Gesundheitswesen und der Langzeitpflege erleben durch die Corona-Pandemie eine deutliche Beeinträchtigung ihrer psychischen Gesundheit. Die laufend anwachsenden beruflichen Belastungen sind eine wesentliche Ursache dafür. In der Folge denken immer mehr Berufsangehörige an einen Berufswechsel. Damit verschärft sich die ohnehin bereits bestehende Personalnot im Gesundheitswesen und der Langzeitpflege."[115]

Diesen erschreckenden Befund bestätigt auch Silvia Rosoli, die Leiterin der Abteilung Gesundheitsberufe und Pflegepolitik der Arbeiterkammer Wien: „Dass die Beschäftigten in der Gesundheitsversorgung und Langzeitpflege schon längst am Ende ihrer Kräfte sind, wissen wir. Aber die Ergebnisse unserer Umfrage sind sogar noch dramatischer, als ich erwartet habe. Fast die Hälfte aller Befragten denkt daran, den Beruf zu verlassen – und sie tun es auch, wie wir an den leerstehenden Betten in den Spitälern und Pflegeheimen sehen." Die Lage sei deswegen so besorgniserregend, weil sich die prekäre Arbeitssituation unmittelbar auf die Versorgung der Patient:innen auswirke.

Zentral ist das deutliche Ansteigen der ohnehin bereits hohen Arbeitsbelastung durch ständige, kaum planbare Mehrarbeit. „Mehr als sechs von zehn Befragten arbeiten regelmäßig mehr, als in ihrem Arbeitsvertrag vereinbart ist." – „Das Ausmaß der Mehrarbeit ufert aus", heißt es in der Untersuchung.

Diese enormen Belastungen führen zu einer Reihe psychischer Beeinträchtigungen: Mehr als drei Viertel (78,7 Prozent) der Befragten zeigen Symptombelastungen im Bereich Depression. Für fast die Hälfte (48,4 Prozent) trifft dies auch für Angst zu. Viele Befragte geben an, unter Schlafproblemen (54,4 Prozent) zu leiden und knapp die Hälfte unter Vergesslichkeit (48,6 Prozent) und Konzentrationsproblemen (47,1 Prozent). „Diese Belastungen", so die Interpretation der Daten, „sind auch für die Sicherheit von kranken und pflegebedürftigen Menschen relevant, weil sie das Risiko für Fehler und Fehlleistungen erhöhen", sagen die Studienautor:innen Silvia Rosoli und Kurt Schalek anlässlich der Präsentation der Studie.[116]

Aufgrund der vielfältigen Belastungen denkt ein beachtlicher Teil der Befragten aus den Gesundheits- und Sozialbetreuungsberufen „mindestens einmal pro Monat" an einen Berufswechsel (42,4 Prozent). Im Jahr 2018 war der Anteil deutlich geringer, er lag bei 25,5 Prozent.

Um die Situation der Beschäftigten in der Gesundheitsversorgung und Langzeitpflege zu verbessern, verlangt die Plattform „Offensive Gesundheit" nicht nur deutlich bessere Arbeitsbedingungen, sondern auch eine Reihe detaillierter Forderungen in punkto Arbeitszeit, Aus- und Fortbildung sowie einen leichteren Zugang in die Schwerarbeitspension.

Außerdem – und das sollte die verantwortlichen Politiker:innen wachrütteln – braucht es in Österreich bis zum Jahr 2030 je nach Berechnung in der Pflege 100.000 und in den Berufen der medizinisch-technischen Dienste bis zu 30.000 zusätzlich Beschäftigte.[117]

### Ein Blick auf die EU

Dieser Befund gilt nicht nur für Österreich. In allen Mitgliedstaaten der Europäischen Union nimmt der Bedarf an Langzeitpflege zu. In den nächsten 30 Jahren wird die Anzahl der über 65-Jährigen innerhalb der EU um 41 Prozent auf 130,1 Millionen ansteigen. Schätzungen zufolge werden im Jahr 2030 knapp 34 Millionen Personen in den EU-Mitgliedsländern Pflege brauchen, im Jahr 2019 lag die Zahl noch bei knapp 31 Millionen.[118]

Innerhalb der EU arbeiten 6,4 Millionen Personen in der Langzeitpflege. Bereits jetzt ist der Personalbedarf größer als das Angebot. Für 2030 ist innerhalb der EU mit sieben Millionen offenen Stellen für Pflegepersonen zu rechnen. Als kurzfristige Möglichkeit, um den Personalbedarf zu decken, wird im Green Paper die Migration von qualifizierten Pflegekräften aus Drittstaaten angeführt. Um diese zu erleichtern, wird es notwendig sein, nationale Gesetze anzupassen.[119]

Der Anteil der Ausgaben für Langzeitpflege am Bruttoinlandsprodukt (BIP) unterscheidet sich stark zwischen den Mitgliedstaaten: In skandinavischen Ländern und auch in den Niederlanden beläuft sich der Anteil auf mindestens 3,5 Prozent des BIP. Allerdings sagt die EU auch, dass der steigende Pflegebedarf ein Jobmotor für Europa sein kann.

Die Europäische Säule sozialer Rechte umfasst auch die Langzeitpflege. Grundsatz 18 besagt: „Jede Person hat das Recht auf bezahlbare und hochwertige Langzeitpflege, insbesondere häusliche Pflege und wohnortnahe Dienstleistungen."

Konkrete Maßnahmen und Initiativen zur Erreichung von Grundsatz 18 sind im Aktionsplan der Europäischen Säule sozialer Rechte angeführt.

Für 2022 hat die Europäische Kommission im Zusammenhang mit dem Aktionsplan zur Europäischen Säule sozialer Rechte eine Initiative zur Langzeitpflege in der EU angekündigt. Ziel ist es, einen Rahmen für politische Reformen im Langzeitpflegebereich zu schaffen. In der EU-Kommission denkt man dabei an Qualitätsstandards, eine Verbesserung der Datenlage, Best Practice-Modelle sowie einen Maßnahmenkatalog, an dem sich Mitgliedstaaten orientieren können.

# Der lang benötigte „Digitalisierungsschub"

Es begann am 26. Februar 2020: An einem Wiener Gymnasium im achten Bezirk wurde der erste Corona-Verdachtsfall bekannt. Die Schule war samt den umliegenden Straßenzügen stundenlang gesperrt. Der Corona-Test verlief aber negativ. Der damals amtierende Gesundheitsminister Rudolf Anschober (Die Grünen) schloss zu diesem Zeitpunkt eine prophylaktische Sperre von Schulen oder Kindergärten aus. Trotz dieser Ankündigung wurden die Bildungseinrichtungen am Beginn des ersten Lockdowns geschlossen. Ab 16. März 2020 galt für die Schüler:innen Distance Learning – und das mindestens für neun Wochen. Nach weitgehend regulärem Schulstart im Herbst 2020 wurden die Oberstufen bald wieder in den Fernunterricht geschickt. Die meisten restlichen Schulen folgten Mitte November. Am 7. Dezember kehrten diese zurück, während Oberstufen weiter daheimblieben. Ab 7. Jänner 2021 ging es wieder ins Distance Learning.

In diesem Rhythmus von Aufsperren und Zusperren, von Angst und Unsicherheit, verliefen für Schüler:innen, Lehrer:innen, Eltern und Bildungspolitiker:innen die ersten Corona-Monate. Das zweite Pandemie-Jahr war nicht viel besser. Der Wechsel von Präsenz- und Fernunterricht, Masken rauf und wieder runter, strenge Hygiene- und Abstandsregeln, das Aussetzen von Reisen, Schulveranstaltungen und Sport-Events ging auch 2021 weiter.

Wie das dritte Jahr der Seuche verlaufen wird und in welcher Farbe die Corona-Ampeln in den Bundesländern leuchten werden, ist noch offen und hängt von Infektionszahlen und Virusmutationen ab.

Heinrich Himmer, der Bildungsdirektor der Stadt Wien, erinnert sich noch sehr genau an den Tag im März 2020, an dem die Schulen geschlossen werden mussten. „Es war für mich der härteste Moment bisher. Denn Schule lebt vom Austausch, von der Begegnung, von der Präsenz, von der persönlichen Beziehung, die Lehrer, Schüler und auch Eltern miteinander haben."[120]

„Hart" war nicht nur der Beginn der Pandemie. Herausforderungen und die Notwendigkeit, rasch und flexibel zu reagieren, hat es für den Bildungsdirektor ständig gegeben. „Es wurde viel ausprobiert", sagt er und bringt die Erfahrungen vieler Pädagog:innen auf den Punkt: „Das Schulsystem in seinen Grundfesten wurde in den Jahren der Pandemie stark zerrüttet."

Der Bildungsdirektor, der selbst zehn Jahre lang Lehrer an einer Handelsakademie in Wien war, sieht in der Krise aber auch positive Aspekte. „Wie können wir unser Bildungssystem krisenfester machen? Was braucht es für Schulen, Schulleitungen und Schüler? Welche Systeme sind anzuwenden? Und an welchen großen Rädern muss man drehen?", stellt Heinrich Himmer die rhetorischen Fragen und gibt gleich selbst die Antwort. „Wir haben im Hintergrund ein fixes, ausgebautes Krisensystem, das wir jederzeit von Null auf 100 hochfahren können."

Natürlich gebe es auch eine „Wechselwirkung zwischen Bund und Wien", räumt der Bildungsdirektor ein. Aber die

Stadt habe sich im Wettstreit mit dem Bund „einige Freiheitsgrade erkämpft". Dazu zählen die gut entwickelten Testmöglichkeiten an Wiener Schulen, wie zum Beispiel die internationale anerkannte Teststrategie „Alles gurgelt", das Teil eben dieses „Krisensystems" ist. „Dass wir diese Testmethode an den Schulen einsetzen durften, das war ein langer Kampf." Zwei bis drei PCR-Tests waren pro Woche verpflichtend in den Wiener Schulklassen vorgeschrieben. Auch nach Wegfall der Tests besteht in den Bildungseinrichtungen die Möglichkeit, eine mögliche Covid-Infektion zu überprüfen, wenn Corona-Fälle aufgetreten sind. „Diese umfassende Testmöglichkeit gab es in anderen Bundesländern nicht. Wien hat sich damit im Länder-Vergleich sehr gut etabliert, weil ein urbanes Bundesland einfach anders funktioniert", sagt Heinrich Himmer.

Die Maßnahmen, die die Bildungsdirektion in Wien zum Schutz von Schüler:innen und Lehrpersonal erlassen hatte, waren eng mit dem Corona-Krisenmanagement der Wiener Stadtregierung abgestimmt. „Wir haben die Maßnahmen intensiv mit dem Bürgermeister und dem Gesundheitsstadtrat besprochen." Es galt zu klären, unter welchen Voraussetzungen eine Klasse geschlossen werden muss? Oder wer eine Kontaktperson ist? „Dabei ging es um Fragen der Gesundheit. Und die kann nicht der Bildungsdirektor allein entscheiden", begründet der Pädagoge das abgestimmte Vorgehen. Denn Wiens Konzept war und ist es, „die Schulen – begleitend mit Tests – offen zu halten. Geschlossene Schulen sind für uns kein Ziel".

**Digitalisierung kann Präsenzunterricht nicht ersetzen**
Was die Corona-Krise an Schulen – und nicht nur in Wien – bewirkt hat, ist ein Digitalisierungsschub im Unterricht. Heinrich Himmer fügt dem aber entschieden hinzu: „Noch wesentlicher ist für mich die Digitalisierungsbereitschaft bei Lehrern, Eltern und Schülern", unterstreicht der Bildungsdirektor und ist gleichzeitig überzeugt, dass „Digitalisierung die Schule in der Präsenzform nicht ersetzen kann". Zurückgegangen sind durch die Erfahrungen der ersten beiden Pandemie-Jahre die Fragen der Eltern, ob Kinder überhaupt einen Laptop brauchen, ob für Computer Geld investiert werden soll und wie es mit dem Datenschutz steht.

In der Post-Corona-Zeit bleibt Lernen mit Hilfe des Computers als wichtiges Unterrichtstool erhalten. „Wir überlegen jetzt, in welchen Formaten Lernen mit Digitalisierung gestaltet und ausgebaut werden kann." Positiv findet der Bildungsdirektor, dass die Lerngeschwindigkeit am Computer durch das eigene Tempo des Schülers angepasst werden könne. „Das ist für viele Schülerinnen und Schüler eine Erleichterung, sie spüren nicht die Beurteilungsinstanz, sie können Fehler leichter verkraften, wenn der Computer bei einer falschen Lösung ein Signal von sich gibt, als wenn sie diesen über eine Beziehungsebene gespiegelt bekommen. Auch nach Corona wird der Einsatz von Computern im Unterreicht weiter forciert", betont Heinrich Himmer.

Zu Beginn der Pandemie hat Wien 5000 Laptops angekauft, zusätzlich zu den Geräten, die vom Unterrichtsministerium zur Verfügung gestellt worden waren. Die 5000 Laptops kamen vor allem jenen Schüler:innen zugute, die von zu Hause aus „keinen Zugang zu Computern hatten". Damit wurden einkommensschwache Familien unterstützt.

Heinrich Himmer legt aber Wert auf die Feststellung, dass es in Wien nicht nur den „digitalen Weg" für das Distance Learning gab. So wurden Unterrichtsmaterialien und Unterlagen nach Hause gemailt oder geschickt. Familien konnten auch Aufgabenpakete in der Schule abholen.

Was keinesfalls in der Post-Corona-Zeit erhalten bleiben dürfe, ist der Zustand, dass Eltern und/oder Familienmitglieder zu Hause mit den Schüler:innen lernen und das kompensieren müssen, was in der Schule nicht vermittelt wird, sagt der Bildungsdirektor. „Wenn man sieht, wie viel Geld Eltern für Nachhilfe ausgegeben haben, ist das für mich der deutlichste Hinweis, dass es zur Selbstverständlichkeit geworden ist, dass Eltern kompensieren, was die Schule nicht einlöst."

### Corona hat den Lerndruck erhöht

Die langen Monate des Fernunterrichts haben den Lerndruck in den Familien massiv erhöht. Die Nachhilfebefragung der Arbeiterkammer aus dem Jahr 2021 zeigt deutlich, dass Familien versuchten, mittels privat finanzierter und organisierter Nachhilfe den Lernstoff im Distance Learning zu bewältigen und ihre Kinder vor möglichen Lernrückständen zu schützen. Die Gesamtausgaben der Eltern für Nachhilfe betrugen nach Angaben der Arbeiterkammer im Schuljahr 2020/2021 bis zum Schulschluss etwa 62 Millionen Euro österreichweit.[121]

Aus der AK-Umfrage geht auch hervor, dass 37 Prozent der Schüler:innen im Schuljahr 2020/2021 Nachhilfe bekamen. Die Corona-Krise riss die Lernschere zwischen jenen Kindern auf, denen die Eltern gut helfen konnten, und jenen, bei denen das nicht möglich war.

Auf die Frage, ob die Pandemie und ihre Folgen die sozialen Differenzen größer gemacht und die Gräben zwischen Arm und Reich vertieft hat, antwortet der oberste Bildungschef der Stadt Wien zurückhaltend, aber dennoch eindeutig: „Man muss sehen wollen, dass es diese Unterschiede gibt." In Österreich werde ein Bildungssystem suggeriert, in dem alle den gleichen Lernplan haben und alle Schüler:innen würden das können, was im Lernplan steht. „Es gibt keine Unterschiede, das ist die Grundannahme des Bildungssystems." Heinrich Himmer weiß aber auch, dass die jeweilige „Pädagogik in einem Bundesland Spuren hinterlassen kann". Damit meint er ganztägige Schulformen, die gemeinsame Schule bis zum 14. Lebensjahr, wo Kinder mit neun oder zehn Jahren nicht mitgeteilt bekommen, wie gut oder schlecht sie sind.

Der ehemalige Professor an der Handelsakademie bedauert, dass sich „sozialdemokratische Visionen des Überwindens der Bildungsvererbung leider noch nicht erfüllt haben. Die Krise hat deutlicher gemacht, dass es diese Unterschiede gibt. Es gibt nicht das Bildungssystem, das allen die gleichen Chancen bietet". Indem er diese Feststellung trifft, zeigt er auf ein Porträt des bekannten sozialdemokratischen Schulreformers und ersten Wiener Stadtschulratspräsidenten Otto Glöckel.[122] „Seine erste Rede als Stadtschulratspräsident könnte heute genauso gehalten werden wie im Jahr 1922." Glöckel setzte sich für eine Reformpädagogik ein, für die Gesamtschule sowie für den Abbau von Bildungsprivilegien.

### Medienbildung ausbauen

Als Tribut an 100 Jahre Glöckel und mit den Erfahrungen der Corona-Krise hält Heinrich Himmer an folgenden Zielen für die Wiener Bildungspolitik fest: sinnvolles Ganztagsmodell; Mehrsprachigkeit (jedes Kind sollte in der Metropole Wien drei Sprachen können); Eltern zu Partner:innen machen; Nachhaltigkeit (Klimabeauftragte an jeder Schule); Mitgestaltung der Schüler:innen und Inklusion; Finanzbildung (Finanzführerschein) sowie der Umgang mit der Digitalisierung. Und noch ein Grundsatz ist dem Lehrer wichtig: „Der Bildungszugang darf nicht von der Geldbörse der Eltern abhängig sein."

Um Wissenschaftsskepsis abzubauen – ein heikler Punkt bei der Umsetzung der Anti-Corona-Maßnahmen –, drängt der Bildungsdirektor auf verstärkte Diskussionen über kontroversielle Themen im Unterricht. „Schüler sind nicht Konsumenten, sie sollen hinterfragen, analysieren und vergleichen können." Dafür sollte auch der Bereich „Medienbildung" ausgebaut werden, um Schlagzeilen und Botschaften, die sehr oft auch über Bilder verbreitet werden, verstehen und einordnen zu können. Für Heinrich Himmer ist dabei auch wichtig, dass sich alle an den Diskussionen beteiligen. Niemand dürfe ausgeschlossen werden. Denn: „Wer sich nicht selbst beteiligt, wird keine Meldung in den Medien kritisch überprüfen können. Bildung und Wissen sind die Waffen gegen Propaganda."

## Migrationsexpertin Judith Kohlenberger: „Pandemie verschärft Lage der Migrantinnen und Migranten in Wien"

Judith Kohlenberger, die bekannte Kulturwissenschaftlerin und Migrationsexpertin an der Wirtschaftsuniversität Wien, bringt es auf den Punkt: „Im dritten Pandemiejahr zeigt es sich ganz deutlich, dass Menschen mit Migrationshintergrund im Vergleich mit der Mehrheitsbevölkerung von Corona überdurchschnittlich stark betroffen sind. Das trifft nicht nur auf die Gesundheit zu, sondern auch auf soziale und ökonomische Bedingungen, auf Arbeit, Bildung, Wohnen und psychische Belastung."[123]

Die Arbeitsmarktdaten veranschaulichen, dass unter Migrant:innen Arbeitslosigkeit und Kurzarbeit häufiger auftreten als bei Menschen ohne Migrationsbiografie. Vor allem bei Menschen, die erst relativ kurz in Österreich seien, also etwa Personen aus Syrien oder Afghanistan, betrage der Anstieg der Arbeitslosenquote in Wien um 45 Prozent. „Das ist sehr hoch", konstatierte Kohlenberger. Mit ein Grund dafür seien die Schließungen im Tourismus und der Gastronomie bzw. der Umstand, dass viele Betroffene erst kurz in Beschäftigung waren. Nach dem Prinzip „first in, first out" würden diese in Krisenzeiten ihre Arbeitsstelle rascher wieder verlieren.

Judith Kohlenberger verweist aber auch darauf, dass viele Migrant:innen in systemrelevanten Berufen wie Pflege, Lieferdiensten, Supermärkten und Reinigungsunternehmen tätig seien. „Diese Arbeitskräfte haben die Stadt während der Krise am Laufen gehalten." Die Anerkennung dafür sei aber oft ausgeblieben, sagt die Wissenschaftlerin. Problematisch ist in ihren Augen auch der Umstand, dass betroffene Migrant:innen oft teuer, eng und relativ schlecht wohnen. Die finanzielle Belastung durch Mieten und steigende Energie- sowie Lebensmittelkosten sei dadurch in vielen Fällen sehr hoch oder gar nicht mehr zu stemmen. Auch psychische Probleme durch Wohnen auf kleinstem Raum und ständige Existenzsorgen würden zunehmen.

Schließlich weist Judith Kohlenberger auf die besonderen Herausforderungen von Familien mit Migrationsbiografie im Bildungsbereich hin: „Im Homeschooling sind Schülerinnen und Schüler mit Migrationshintergrund häufig benachteiligt und ihre Eltern überfordert. Einkommensschwachen Familien mit Migrationsbiografie fehlen außerdem oft die technischen Mittel, wie Computer oder Laptops, um an online Angeboten, wie etwa Deutschkursen, teilzunehmen."

### Frauen trifft es besonders hart

Frauen mit Migrationsbiografie trifft die Pandemie besonders hart. „Migrantinnen sind von den genannten Herausforderungen am Arbeitsmarkt noch härter betroffen als Männer. Dadurch entsteht oft eine finanzielle Abhängigkeit von männlichen Partnern", erklärt die Kulturwissenschaftlerin. Hinzu kommt, dass Frauen während der Lockdowns aufgrund beengter Wohnverhältnisse einem erhöhten Risiko von häuslicher Gewalt ausgesetzt sind. „In vielen Fällen kommt es allerdings nicht zu einer Anzeige. Finanzielle Abhängigkeit oder Visumsangelegenheiten sind wesentliche Faktoren, warum Migrantinnen in einer gewalttätigen Beziehung bleiben", beschreibt Judith Kohlenberger.

„Die ökonomische Belastung und die soziale Isolation von Migrant:innen hat sich durch die Pandemie verstärkt", unterstreicht die Forscherin einmal mehr. So wurde zum Beispiel eine bereits vor der Pandemie bestehende Ungleichheit zwischen nicht-migrantischen und migrantischen Bevölkerungsgruppen im Bereich Bildung durch die Corona-Krise noch weiter vertieft. Dabei geht es aber nicht nur um Infrastruktur, wie die technische Ausstattung durch Computer und geeignete Arbeitsplätze für Kinder und Jugendliche zu Hause. Es geht zudem um das soziale Umfeld, um die Kommunikation mit anderen Kindern. „Migrantinnen und Migranten konnten in der Zeit der Pandemie kaum neue soziale Kontakte aufbauen, weil ihr soziales Netz generell schwächer ist als von im Inland Geborenen."

Generell habe sich gezeigt, dass Personen, die wenig integriert und kaum sozial eingebunden waren, oft relevante Informationen über Corona-Maßnahmen nicht erhalten haben. Verschlimmert habe sich die Situation auch dadurch, dass Community-basierte Aktivitäten während der Ausgangsbeschränkungen reduziert worden seien. Soziale Einbindung als Folge gelungener Integration könne hingegen helfen, solche Defizite zu vermeiden, betont die Kulturwissenschaftlerin.

Solche Community-basierten Angebote hat es in Wien gegeben, und sie wurden sehr gut angenommen. Außerdem hat die Stadt Wien Gesundheits- und Impf-Informationen, auch

Hinweise über Impfstationen, in mehreren Sprachen per Post versandt (Deutsch, Türkisch, Bosnisch, Kroatisch, Serbisch und Englisch). „Das war sehr sinnvoll, denn damit erreichte man jene, deren Muttersprache nicht Deutsch ist."

Da Wien auch Sitz der UNO und zahlreicher anderer internationaler Organisationen ist, wo hauptsächlich Englisch gesprochen wird, haben auch Mitarbeitende dieser Institutionen vom Informationsangebot der Stadt Wien profitiert. „Unterschiedliche Kulturen und Sprachen sind nun einmal Teil der Lebensrealität in Wien", betont Judith Kohlenberger. Sie verweist kritisch auf die Bundesregierung, die mehrsprachige Informationen immer „verzögernd" veröffentlichte.

### Abwertungs- und Ausgrenzungserfahrungen

Während der Pandemie haben in migrantischen Communities auch Abwertungs- und Ausgrenzungserfahrungen zugenommen. Ein massiver Anstieg ist nach Angaben der Kulturwissenschaftlerin etwa bei Anfeindungen gegen Menschen aus Asien zu verzeichnen – da das Virus aus China stamme. Hass im Netz sei stark angestiegen, auch in der Mitte der Gesellschaft seien Vorurteile zu bemerken gewesen. Judith Kohlenberger erinnert etwa daran, dass anfangs versucht worden war, unter Schlagwörtern wie „Türkenhochzeit" oder „Balkan-Heimkehrer" bestimmten ethnischen Gruppen die Verantwortung für steigende Infektionszahlen in die Schuhe zu schieben.

Auch die Impfskepsis bei Zugewanderten – ein oft gehörtes Vorurteil – ist nicht höher als bei anderen Gruppen, erläutert die Wissenschaftlerin, die auch Mitglied des Wiener Integrationsrates ist. Das ist ein Gremium, das von Vizebürgermeister Christoph Wiederkehr (NEOS) ins Leben gerufen wurde. Tatsächlich wiesen afghanische Staatsbürger:innen nach ersten Erhebungen eine höhere Impfquote auf als österreichische. Ein Mythos sei auch, dass bei Demonstrationen gegen die Anti-Corona-Maßnahmen viele Migrant:innen teilnehmen würden. „Vielmehr sind sie stark unterrepräsentiert", erklärt Migrationsexpertin Judith Kohlenberger.

## Wiener Wirtschaftskammer-Präsident Walter Ruck: „Der Gurgel-Test hat der Wirtschaft in Wien sehr geholfen"

Die Corona-Krise mit all ihren wirtschaftlichen Auswirkungen betrachtet Walter Ruck, der Präsident der Wirtschaftskammer Wien, gerne aus der Vogelperspektive. Es geht um das große Ganze. Dabei richtet der Unternehmer den Blick zunächst auf positive Aspekte, nicht auf die negativen Folgen der Pandemie, und er stellt fest, dass die Stadt Wien die Corona-Krise bisher besser als gedacht verkraftet hat. „Im Jahr 2020 ist die Wiener Wirtschaft weniger eingebrochen als im Rest des Landes. 2021 ist Wiens Wirtschaft sogar stärker gewachsen als die österreichische", hebt der Präsident die besseren Wettbewerbsbedingungen der Donaumetropole hervor.[124]

Laut Wirtschaftsforschungsinstitut (WIFO) brach Wiens Wirtschaft im Jahr 2020 um Minus 5,8 Prozent am Bruttoinlandsprodukt (BIP) ein, österreichweit waren es Minus 6,7 Prozent. Nach dem pandemiebedingten historischen Rückgang des Jahres 2020 war Wiens Wirtschaft im Jahr 2021 wieder auf einem Erfolgskurs: Das Wachstum betrug fünf Prozent, österreichweit waren es 4,5 Prozent.[125]

In einem gemeinsamen Interview mit dem Wiener ÖVP-Chef Karl Mahrer in der Tageszeitung *KURIER* bekennt der Kammerpräsident sogar: „Wien ist deutlich besser durch die Krise gekommen als der Rest Österreichs – etwa, was das Bruttoregionalprodukt angeht."[126] Er könne den vorliegenden Zahlen „nicht entnehmen, dass wir in den vergangenen

Jahren eine fehlgeleitete Wirtschaftspolitik der Stadt erlebt hätten."[127]

Die vergleichsweise gute Performance der Bundeshauptstadt führt Walter Ruck auf mehrere Faktoren zurück: Zum einen ist die Wiener Wirtschaft „stärker diversifiziert" als in anderen Bundesländern. Sektorale und regionale Konzentrationsrisiken werden durch die spezifische wirtschaftliche Aufstellung der Stadt reduziert.

Zum anderen sind die Bereiche Dienstleistung und Forschung in Wien „relativ stark" ausgebildet. Der Präsident weist in diesem Zusammenhang besonders auf den Wissenschaftsstandort hin: „Wien ist die größte deutschsprachige Universitätsstadt mit zahlreichen Spin-offs und forschungsnahen Betrieben." So waren – in Kooperation mit der Stadt Wien – private Unternehmen an der Entwicklung des mittlerweile international bekannten PCR-Gurgel-Tests beteiligt. Sie arbeiteten an EDV-Lösungen, an der Infrastruktur für die Tests und an der Logistik.

Es ist bekannt, dass der mächtige Wiener Wirtschaftskammer-Präsident und ÖVP-Mann eine ausgezeichnete professionelle Beziehung mit dem sozialdemokratischen Bürgermeister Michael Ludwig unterhält. Der parteipolitische Dialog oder auch die Sozialpartnerschaft zwischen Ruck und Ludwig funktionieren. Ganz offensichtlich zum Wohle beider Seiten.

Der Chef der Wiener Wirtschaftskammer begrüßt den Corona-Zugang bzw. die Corona-Politik der Stadt, die er als „sachlich" definiert. „Lieber vorsichtig sein. Bitte keine falschen Versprechungen und Hoffnungen machen", lautete die

Handlungsdevise von Stadt und Kammer. Diesem Grundsatz folgte auch die Umsetzung der Teststrategie „Alles gurgelt". Der Start dieser Testmethode erfolgte Anfang des Jahres 2021. Danach hat es drei Monate gedauert, bis der Test flächendeckend eingesetzt werden konnte. „Wenn wir eine neue Methode, ein neues Instrument anwenden, dann muss es klappen. Der größte Fehler in Krisen ist es, etwas zu versprechen, was nicht eingehalten werden kann. Das verunsichert die Menschen. Man muss einfach sehr, sehr vorsichtig sein in dem, was versprochen wird", wiederholt Walter Ruck.

„Der Gurgel-Test hat der Wirtschaft in Wien sehr geholfen." Bei der Omikron-Welle war ganz entscheidend, dass „die Spitalskapazitäten, die kritische Infrastruktur und auch die kritische Unternehmensinfrastruktur nicht überlastet worden sind. Wenn der Produktionsbereich nämlich einbricht, wird es ernst. Die Versorgungskette reißt ab, das gilt nicht nur für die Energie-Versorgung, sondern auch für die Supermärkte. Gemeinsam mit der Stadt Wien haben wir Pläne erarbeitet für den Fall, dass die Aufrechterhaltung der Infrastruktur durch enorm viele Krankenstände auf Grund einer Covid-19-Infektion nicht mehr möglich ist", erläutert der Präsident die Strategie.

Durch das Testangebot „Alles gurgelt" konnte der Reproduktionsfaktor in Wien um 15 Prozent gesenkt werden. „Es gab weniger Ansteckungen, dadurch sind auch weniger Leute krank geworden und ausgefallen, die Produktivität war höher. Das erklärt auch, warum die Wertschöpfung in Wien deutlich höher gestiegen ist als in anderen Bundesländern. ‚Alles gurgelt' hat uns zu diesem Erfolg verholfen."

## Dialog auf Augenhöhe

Der Bau-Unternehmer und Wirtschaftskammer-Boss macht keinen Hehl daraus, dass der Wirtschaft die „gute Kooperation mit der Wiener Stadtregierung und mit Bürgermeister Ludwig" geholfen habe. Der Dialog zwischen Parteigrenzen hinweg funktioniert in der Bundeshauptstadt. „Jeder von uns weiß, welche Rolle er einnimmt. Die Sache des Bürgermeisters ist es, die Dinge zu entscheiden. Wir bringen unsere Sichtweise ein. Das ist die Rolle der Sozialpartner", betont Walter Ruck. Er erinnert sich an seine Gespräche mit dem Bürgermeister ganz am Beginn der Pandemie, als Beschlüsse sehr kurzfristig getroffen worden sind. Dabei ersuchte er den Stadtchef, Maßnahmen und Entscheidungen „zehn Tage vorher anzukündigen, um den Unternehmen Zeit zu geben, sich darauf einzustellen". Der Kontakt zwischen dem Wirtschaftskammer-Präsidenten und Michael Ludwig war während der Zeit der Pandemie eng und vertrauensvoll – und ist es heute noch. „Meistens gab es Vier-Augen-Gespräche." Bei manchen Entscheidungen war auch Gesundheitsstadtrat Peter Hacker anwesend. Walter Ruck betont, dass es bei all den Treffen mit der Wiener Stadtregierung und der Kammer darum ging, Maßnahmen-Pakete zu schnüren, die keiner Seite Schaden zufügen, also gesundheitspolitisch und gesamtwirtschaftlich ausgewogen und abgestimmt sind. Ruck nennt das Rücksicht-Nehmen bei Entscheidungen „Maßnahmen-Potpourri".

Die Kontakte zwischen den beiden Repräsentanten aus Politik und Wirtschaft sind so eng, dass sie „bis drei Mal pro

Woche" miteinander sprechen und sich austauschen. „Die Gespräche haben Tiefenschärfe", sagt Walter Ruck.

Und wie bewertet der Kammerpräsident die Proteste des Handels und der Gastronomie, die es gegen die schärferen Corona-Regelungen gegeben hat, zum Beispiel den Lockdown vor Weihnachten 2021, der in Wien eine Woche länger dauerte als im Rest des Landes?

Seine Antwort fällt gelassen aus: „In einer großen Familie gibt es unterschiedliche Interessen. Restlos können nie alle Wünsche erfüllt werden. Man muss immer das Gesamtwohl der ganzen Familie im Auge behalten."

In der Folge der Corona-Krise waren Betriebe gezwungen, zuzusperren. Jetzt hofft der Wiener Wirtschaftskammer-Chef, dass es „keine gröberen Nachzieheffekte bei Konkursen und Insolvenzen gibt". Die Hilfeleistungen der Republik und lokale Unterstützungen haben dazu beigetragen, die „Insolvenzzahlen zu dämpfen".

Walter Ruck geht nun davon aus, dass sich die Wiener Wirtschaft rasch wieder erholen dürfte. Für die Post-Corona-Ökonomie gilt, dass Entwicklungen bleiben werden, die während der Pandemie Einzug in den betrieblichen und beruflichen Alltag gefunden haben. „Jede Krise beschleunigt normale Abläufe. Es gab einen Digitalisierungssprung von mindestens zehn Jahren." Was Österreich und Wien auch nötig haben. Sie gelten als „Digitalisierungsnachzügler", haben aber zuletzt aufgeholt. Insgesamt ist der Wirtschaftskammer-Präsident aber überzeugt, dass der Wirtschaftsraum Wien durch die Krise „gestärkt" wurde und sich als „stabil" darstellt. „Wien hat erkannt, wo seine Stärken liegen. Bei Unternehmen braucht es eine individuelle Betrachtung, um die Folgen der Krise einzuschätzen."

Befördert hat die Pandemie auch den „kreativen Unternehmergeist". Der Wirtschaftskammer-Präsident zählt einige Beispiele auf: So wurde in der Gastronomie das „Take Away" zu einem Geschäftsmodell, bewährt hat sich auch „Klick and Collect", bei dem eine Online-Bestellung in einem stationären Einzelhandelsgeschäft abgeholt wird.

### „Stärkeres Zusammenspiel von Unternehmen, Finanzen und Außenpolitik"

Was die Zukunft des Forschungs- und Wirtschaftsstandortes Wien mit seinem Umland angeht, wünscht sich der Wiener Wirtschaftskammer-Präsident ein „stärkeres Zusammenspiel von Unternehmen, Finanzen und Außenpolitik". Der UNO-Sitz Wien, der einzige Sitz in der Europäischen Union, sei eine Chance, die Bedeutung von Wien auch als Headquarter für internationale Unternehmen besonders hervorzuheben. Eine gezielte „Stadt-Außenpolitik" und „kommunale Diplomatie" komme auch der Wirtschaft zugute und stärkt den Wirtschaftsstandort, ist Walter Ruck überzeugt. Bereits im November 2021 reiste er mit Wirtschaftsstadtrat Peter Hanke nach Katar, um über Grünen Wasserstoff zu verhandeln. „Solche Projekte sind schon in die Wege geleitet."

Außerdem erwartet sich Walter Ruck, dass „Österreich und Wien wieder eine außenpolitisch friedensstiftende Rolle einnehmen sollten". Denn: „Niemand verdächtigt Österreich, hegemoniale Ansprüche zu stellen."

## Wien Tourismus-Direktor Norbert Kettner: „Wien ist international aufgestellt und kennt den Umgang mit globalen Krisen"

Es ist für ihn das Bild der Krise: „Die Kronleuchter im Wiener Hotel Imperial haben seit 1945 ununterbrochen gestrahlt. Während der Pandemie wurden sie das erste Mal abgeschaltet." Für Norbert Kettner, den Direktor von Wien Tourismus, ist das Licht-Aus eine Zäsur, es zeigt die dunkle Seite von Corona.[128] Die düsteren Folgen der globalen Seuche waren nicht nur im Nobelhotel am Ring sichtbar, sondern wirkten sich – in Zahlen ausgedrückt – dramatisch auf die Gästebilanz in der Bundeshauptstadt aus. Wie tief die Pandemie-bedingten Einschnitte waren, macht ein Vergleich mit dem Tourismus-Rekordjahr 2019 anschaulich, „dem besten Jahr aller Zeiten", wie es Norbert Kettner ausdrückt. „Wir hatten 17,6 Millionen Nächtigungen in Wien. Noch im Jänner und Februar des Jahres 2020 gab es Spitzenwerte." Wien sei das „zweitwichtigste Tourismus-Bundesland in Österreich und hat immer die höchste Dynamik gehabt". Die Zuwächse bei den Gästen waren über Jahre hinweg „sehr stark", mehr als 80 Prozent der internationalen Besucher kamen aus dem Ausland, ein nicht unwesentlicher Teil davon aus Übersee. „Die USA waren immer unser drittwichtigster Markt", sagt der Direktor.[129] In guten Zeiten war Wien der touristische Wachstumsmotor für ganz Österreich. Seit dem Jahr 2000 wuchsen die Nächtigungen im ganzen Land um rund 34 Prozent, in Wien sogar um 129 Prozent.[130] Heute sind diese Rekordwerte vorläufig Geschichte.

Doch der Tourismus-Manager gibt die Hoffnung nicht auf: „Die Stadt wird diese Rolle wieder einnehmen, wenn Corona überwunden ist." Auch wenn seit Ausbruch der Pandemie die Zahl der Hotels und Pensionen in Wien um 16 Prozent zurückgegangen ist, hat sich die Quantität der Betten nur um acht Prozent reduziert. „Es haben vor allem kleinere Betriebe zugemacht. Gleichzeitig wurden Hotels renoviert, neue Projekte im Super-Luxusbereich sind im Entstehen. Wir werden Ende 2023 den Bettenstand von 2019 erreicht haben." Für den Wien Tourismus-Chef steht fest: „Wir gehen auf jeden Fall mit einem besseren Inventar aus der Krise heraus."

Für das Jahr 2022 steht seinem Unternehmen ein Marketingbudget von elf Millionen Euro zur Verfügung. Dabei wird der Fokus der Aktivitäten auf europäische Staaten, auf die USA, auf arabische Länder sowie Japan und China gelegt. „Das Reisepublikum hat großen Hunger auf Wien", heißt in einer Presseaussendung seitens Wien Tourismus von Jänner 2022.[131] Diesen Trend bestätigen auch internationale Medien: Das US-Nachrichtenportal Bloomberg reihte Wien als einzige europäische Hauptstadt unter die 25 spannendsten Reiseziele der Welt. Auch die britische Online-Zeitung *The Independent* führte Wien als Kulturhotspot Europas unter die globalen Top-Städtereiseziele für das Jahr 2022 an. Und die renommierte britische *Financial Times* zählte die Donau-Metropole wegen seiner umweltfreundlichen Nachtzugverbindungen (z. B. Wien-Paris oder Wien-Brüssel) zu den aktuellen Reisetipps.[132]

Für einen Städte-Ausflug nach Wien oder für einen Kongress international zu werben, Gäste von überall anzulocken, das ist die Aufgabe und Legitimation von Wien Tourismus mit seinen 130 Mitarbeitern. „Es gehört zu unserem Selbstverständnis, für hohe Wertschöpfung und für Ganzjahres-Jobs zu sorgen. Das ist unser zentrales Business", sagt der Direktor und verweist nochmals auf die beeindruckende Bilanz vor der Pandemie: Die Wertschöpfung des Tourismus in Wien belief sich 2018 auf 5,6 Milliarden Euro, wovon 900 Millionen Euro anderen Bundesländern zugutekamen. Das sind 4,5 Prozent des Bruttoregionalproduktes.[133] Im Jahr 2018 war etwa jeder neunte Vollzeit-Job in Wien mit der Tourismus- und Freizeitwirtschaft verbunden, insgesamt handelte es sich um etwas mehr als 131.000 Beschäftigungsverhältnisse bzw. 103.000 Vollzeitäquivalente in diesem Bereich.

Die statistischen Daten belegen, wie sehr der Tourismus in der Bundeshauptstadt durch die Corona-Krise und ihre Folgen beeinträchtigt war und noch ist. Norbert Kettner bedauert in unserem Gespräch, dass die Anliegen des Städtetourismus in den Maßnahmen der Regierung nicht von Anfang an entsprechend berücksichtigt worden waren. „Das Interesse am Städtetourismus war enden wollend. Alles ging Richtung Tourismus in den Regionen und im ländlichen Raum. Ich hätte mir von Seiten der Regierung mehr Kohärenz in den Maßnahmen gewünscht."

## „Reprovinzialisierung" und „Renationalisierung"

Diese Konsequenz und Logik fehlte dem Tourismus-Manager auch beim Öffnen und Schließen der Grenzen in der EU. „Es war eine große Katastrophe, dass der europäische Binnenmarkt von einem Tag auf den anderen zerstört worden ist. Das ging atemberaubend schnell, für mich glich es einem Pyramidenspiel." Auch Österreich habe dabei „an vorderster Front" mitgewirkt. Norbert Kettner nennt ein Beispiel: Zu Beginn der Sommersaison 2020 wurde eine Reisewarnung für Kroatien strategisch so angelegt, dass eben mehr Geschäft nach Österreich floss. Gleichzeitig gab es den großen Aufschrei, wenn Deutschland überlegte, die Grenzen zu Österreich zu schließen. Dieses „absurde" Vorgehen beschreibt er als „Reprovinzialisierung und Renationalisierung in Europa".

Diese „doppelten Standards" bleiben in Erinnerung der Nachbarländer, weiß der Direktor von seinen Aufenthalten in Italien. „Es gibt nach wie vor die Verwunderung über die Beurteilungen Österreichs Italien gegenüber, vornehmlich aus nicht-touristischer Perspektive. „Italien hat am Beginn der Pandemie sehr gelitten und meistert die Lage derzeit sehr gut. Dass Italien, ein europäischer Nettozahler, als eine Art ‚failed state' bezeichnet wurde, hat sich in das kollektive Gedächtnis der Italiener eingebrannt", berichtet Norbert Kettner.

Mit einer undiplomatischen Äußerung gegenüber dem Nachbarland sorgte der ehemalige Bundeskanzler Sebastian Kurz für Schlagzeilen. Doch was war genau passiert: Bei einem EU-Gipfel am 17. Juli 2020 ging es bei schwierigen Verhandlungen unter den 27 Regierungschefs darum, wofür das Geld des EU-Aufbauplans im Kampf gegen die Corona-Krise verwendet werden sollte.[134] Der Streit zwischen höher verschuldeten Ländern des europäischen Südens und jenen mit größerer finanzieller Bonität brach erwartungsgemäß in Brüssel aus. Dabei bezeichnete Österreichs damaliger Bundeskanzler die südlichen Nachbarn als „Staaten, die in ihren Systemen kaputt sind".[135] Kurz forderte gerade von Seiten Italiens Reformen (Wettbewerbsfähigkeit, Pensionsantrittsalter, Steuergerechtigkeit, Kampf gegen Schattenwirtschaft und Korruption) im Gegenzug für Corona-Zuschüsse, die von der EU-Kommission ohnedies immer verlangt werden. Kurz drückte es so aus: „Und ja, ich versuche es sehr diplomatisch auszudrücken, ich bin überzeugt davon, dass in Italien einschneidende Reformen notwendig sind, und wofür wir sicher nicht zu haben sind ist, dass Länder Geld bekommen, ohne Reformen durchzuführen, weil dann würde dieses Geld versanden."[136]

Der Leiter von Wien Tourismus fasst die Äußerungen von Kanzler Kurz gegenüber Italien mit folgenden Worten zusammen: „Wir sind insgesamt nicht auf der Seite der Sympathischen gelandet."

### Mangelnde Impf-Compliance

Zurück zu den Folgen der Pandemie für den Tourismus in Wien. Haben die härteren Maßnahmen der Wiener Stadtregierung dem Tourismus geschadet? „Wien ist es am Beginn der Pandemie genauso ergangen wie unserem hochentwickelten Tourismus: Alles brach plötzlich weg. Die Herausforderungen für eine Millionen-Metropole sind ein Vielfaches höher, die Probleme komplexer. Als die Infektionszahlen in der Bundeshauptstadt explodierten, begann ein Propagandakrieg gegen Wien. Das System Stadt hat allerdings rasch gelernt und reagiert: Innerhalb eines Jahres wurden in Wien entsprechende Vorkehrungen getroffen, um mit der Corona-Krise umzuge hen", beschreibt Norbert Kettner die damalige Situation und fügt hinzu: „Dass wir alle unter der mangelnden Impf-Compliance leiden, die von allen Seiten gekommen ist, hat die Bekämpfung der Pandemie nicht leichter gemacht. Hier hat der Süden Europas zum Beispiel die richtigen Schlüsse gezogen."

Eine Maßnahme der Stadt Wien war für den Tourismus-Chef durchaus eine kommunikative Herausforderung, nämlich die Verlängerung des vierten Lockdowns vor Weihnachten 2021 um eine Woche in Wien. „Der 12. Dezember war für uns ein schwieriger Tag. Bis auf Wien endete der Lockdown in allen Bundesländern. Das war ökonomisch eine der wichtigsten Wochen. Das hat der Branche wehgetan, und wir mussten viel diskutieren."

Für den Sommer 2022 hofft Norbert Kettner auf die Rückkehr zu einem „normalen Leben" in der Stadt: „Jetzt müssen wir aus unseren geistigen Schützengräben raus."

Der Wien Tourismus-Manager verhehlt nicht, dass die Hotellerie nicht nur Pandemie-bedingte Probleme plagen, die Branche hat auch strukturelle Defizite: „Es gibt Probleme bei der Bezahlung, bei den Arbeitsbedingungen und beim Finden des Personals. Wir gehen davon aus, dass die Gehälter deutlich erhöht und die Arbeitsbedingungen verbessert werden müssen." Das gelte aber nicht nur für den Tourismus, sondern für alle Bereiche, weil „die Rolle von Arbeit im persönlichen Leben neu gedacht wird".

Hat das Corona-Desaster des Tiroler Ski-Ortes Ischgl dem Wiener Tourismus geschadet? „Nicht unmittelbar", antwortet Norbert Kettner.

Von Ischgl aus hat sich das Virus im März 2020 quer durch ganz Europa verbreitet, weil der gesamte Ski-Betrieb trotz Warnungen nicht eingestellt wurde und es eine enge Verflechtung zwischen Politik, Unternehmen und Interessensvertretern gab. Der Wiener Tourismus-Chef gibt zu, dass das Image des Tourismus indirekt aufgrund von Einzelfällen und Grundhaltungen von einzelnen Unternehmen – bei großen Förderungen und Überbrückungshilfen Arbeitnehmer zu kündigen – gelitten habe.

**„Wien denkt marktwirtschaftlicher als andere Regionen"**
„Grundsätzlich geht der global vernetzte Städtetourismus anders mit Krisen um, passt sich Marktveränderungen rascher an und jammert vielleicht auch ein bisschen weniger." Und hier stellt sich die Frage, was die Stadt Wien besser macht? „Wien ist international aufgestellt und kennt den Umgang mit globalen Krisen." Ein Beispiel: Während der Finanz- und Wirtschaftskrise, die 2008 begann, blieben amerikanische Gäste aus. „Doch kaum jemand in Wien kam auf die Idee, zum nächsten Funktionär zu laufen und zu klagen."

Welche Lehren zieht nun Direktor Norbert Kettner aus den Pandemie-Erfahrungen für sein Tourismus-Unternehmen?

„Die Krise hat den Digitalisierungslevel erhöht. Die Logik des Hauses ist digital, es gibt nur noch wenige analoge Produkte." Zum anderen zeigt sich die Bedeutung von Teamwork. „Kreativarbeit funktioniert nicht über Computer. Es ist wichtig, das Team im Boot zu halten. Wir haben jeden Tag durchgearbeitet, wissend, dass morgen alles anders sein könnte. Das war eine große Belastung gerade für das mittlere Management, das am Ende die Ergebnisse der Bemühungen zusammenführen musste."

Dauerhaft etabliert hat sich – allgemein gesprochen – das Arbeiten zu Hause, wovon vor allem viele Frauen betroffen und einer Mehrfachbelastung ausgesetzt sind. Homeoffice, Homeschooling, Kochen und Haushalt. „Deprimierend" findet der Wien Tourismus-Direktor diese tradierte multiple Belastung für Frauen, die sich gesellschaftspolitisch eingeschlichen hat. „Homeoffice ist gekommen, um zu bleiben." Eine Forderung stellt Norbert Kettner gerade an den Tourismus, aber auch an andere Wirtschaftsbereiche: „Beim Gehalt und bei den Arbeitsbedingungen müssen wir alle moderner werden."

Ausblick

# Wird alles
# wie vorher?

Covid wird nicht verschwinden. Es bleibt ein Thema, und es wäre falsch, jetzt den Kopf in den Sand zu stecken." Ein Satz, der das dritte Corona-Jahr prägt. Ein kleines Virus stellte unsere ganze Welt auf den Kopf und lässt uns unsere Zukunft neu programmieren.

Wir haben uns an das Tragen von Masken beim Einkaufen, in Bussen und Bahnen gewöhnt. Wir halten Abstand zu anderen Menschen, bis die Corona-Krise irgendwann überstanden ist. Und was passiert dann? Wird dann alles wie vorher? Nein, nichts wird sein wie vorher, sagen Expert:innen. Der Krisenmodus in Politik und Gesellschaft wird uns so schnell nicht verlassen.

Eines wissen wir bereits: Transparentes Krisenmanagement und eine offene Kommunikation und Diskussion haben sich gelohnt. Das hat nicht nur Bürger:innen Sicherheit und Halt gegeben, sondern auch Pluspunkte für Politiker:innen in Form von Vertrauen gebracht. Das Beispiel Wien zeigt es. Wird dieses Vertrauen nicht ausgebaut, werden Politiker:innen Misstrauen ernten.

Erfahren haben viele Menschen auch eine neue „Wir-Kultur" und Solidarität im Umgang miteinander, vor allem am Beginn der Pandemie. Genauso stimmt es aber auch, dass Corona Ungleichheiten in der Gesellschaft vertieft, Spaltungen hervorgerufen und radikale Tendenzen, wie Rechtsextremismus und Antisemitismus, hervorgebracht hat. Diese Entwicklungen setzen unser demokratisches System unter Druck. Massive Zweifel an faktenbasierter Wissenschaft gefährden Politik und Gesellschaft.

Verändert hat sich auch die Arbeitswelt. Homeoffice ist etabliert, digitale Formate ergänzen oder ersetzen Präsenztermine. „Full-Flex-Office" ist das neue Stichwort. Videokonferenzen, elektronische Signatur & Co sind fester Bestandteil unseres Alltags geworden.

Einen Digitalisierungsschub hat es auch im gesamten Bildungsbereich gegeben. Online-Unterricht wird bleiben. Längst etabliert haben sich nach anfänglichen Berührungsängsten sowohl im Bildungs- als auch im Wirtschaftsbereich virtuelle Meetings, etwa über Skype, Zoom oder Teams.

Für definitive Aussagen, wie sich Covid-19 längerfristig auf Parteien und Politik auswirken wird, ist es derzeit noch zu früh. Doch mit hoher Sicherheit lässt sich annehmen, dass die Pandemie und ihre Folgen die nationalen und internationalen Verhältnisse, das Niveau der Zusammenarbeit und die innere Entwicklung sehr vieler Länder bis auf Weiteres auch dann prägen werden, wenn die Seuche mittels Impfungen und diverser gesundheitspolitischer Maßnahmen unter Kontrolle gebracht sein wird.

Ist Corona ein Gamechanger? Und beeinflusst es den Gang der Geschichte? Das wird auch von der Entwicklung des Virus, der modernen Medizin und den politischen Entscheidungen, den institutionellen Kapazitäten und Governance-Fragen abhängen, also wie kommunal, national und auch international regiert wird. Die langfristigen Folgen der Pandemie bleiben von der politischen Gestaltung abhängig und davon, wie resilient die Gesellschaft ist.

Tatsächlich zeigen Trends, die schon vor Ausbruch der

Seuche erkennbar waren, dass wachsende Ungleichheit mehr soziale Verwerfungen hervorbringt und destabilisierend auf die Gesellschaft wirkt. Es zeigt sich aber auch, dass europäische und internationale Zusammenarbeit – zum Beispiel bei der Impfstoffbeschaffung – eine Vorbildwirkung entfaltet.

Die Krise hat aber auch Argumente für politische und ökonomische Souveränität und Autonomie geliefert, zumindest mit dem Fokus darauf, wie sicher, verlässlich und nachhaltig Produktion und Lieferketten sind.

# Danksagung

Die Pandemie hat uns allen viel abverlangt: Mehrere Lockdowns mit Kontakteinschränkungen, beruflichen und familiären Mehrfachbelastungen, Homeschooling und Homeoffice und nicht selten eine Infektion. An das Tragen der Maske haben wir uns mittlerweile gewöhnt, an das Abstandhalten ebenfalls.

Eines fiel in den Jahren der Covid-19-Seuche besonders auf: Die Maßnahmen waren von Bundesland zu Bundesland unterschiedlich, man hatte Mühe, den Überblick zu bewahren. Ein Politiker ist dabei durch seine ruhige, besonnene Art und seinen klaren Kommunikationsstil besonders aufgefallen – Wiens Bürgermeister Michael Ludwig.

Sein Umgang mit Corona in der Zwei-Millionen-Stadt hat mich neugierig gemacht, auch die Tatsache, dass sein härteres Krisenmanagement nicht mit Ablehnung, sondern mit Zustimmung und Vertrauensgewinn in der Bevölkerung honoriert wurde.

Der „Wiener Weg" im Kampf gegen die Pandemie war der Ausgangspunkt für dieses Buch. Daran schlossen sich Fragen an, die im Zuge der Anti-Corona-Maßnahmen verstärkt in den Fokus des öffentlichen Interesses gerückt sind: Rechtsextremismus, Vertrauensverlust gegenüber der Politik und der repräsentativen Demokratie, Wissenschaftsskepsis sowie Auswirkungen auf Wirtschaft und Soziales.

Zum Zustandekommen dieses Buches hat Bürgermeister Michael Ludwig besonders beigetragen, bei dem ich mich für den Gedankenaustausch ganz herzlich bedanke.

Mein großer Dank gilt ebenso den zahlreichen Gesprächspartner:innen aus der Medizin, den verschiedenen wissenschaftlichen Disziplinen und Forschungsbereichen: Barbara Meier, Judith Kohlenberger, Silvia Rosoli, Arschang Valipour, Peter Klimek, Jakob-Moritz Eberl, Bernhard Weidinger, Erich Neuwirth, Heinrich Himmer, Günther Ogris und Norman Wagner. Ich bedanke mich auch bei den Vertretern der Wirtschaft: Norbert Kettner und Walter Ruck, der mir besonderen Einblick in die Zusammenarbeit mit dem Bürgermeister und das Funktionieren der Sozialpartnerschaft auf Wiener Ebene gab.

Für das Verständnis des Wiener Krisenmanagements danke ich dem hohen Beamten des Wiener Rathauses, Wolfgang Müller.

Einem langjährigen Diskussions- und Gesprächspartner möchte ich abschließend danken: Raphael Sternfeld. Wir sind nicht immer einer Meinung, wir diskutieren viel und streiten leidenschaftlich – aber im Ergebnis kommt immer etwas Konstruktives heraus.

Zu besonderem Dank für wertvolle Gespräche bin ich auch dem Verlag Kremayr & Scheriau verpflichtet, insbesondere Verleger Martin Scheriau und Verlagsleiterin Steffi Jaksch.

Margaretha Kopeinig
Wien, Juni 2022

# Anmerkungen

1   Vgl. dazu: Rosanvallon, Pierre: Das Jahrhundert des Populismus. Geschichte – Theorie – Kritik, Hamburger Edition, Hamburg 2020
2   Gespräch mit Günther Ogris, Wien, 8. Februar 2022
3   Umfrage des Austrian Corona Panel Project (ACPP) von November 2021. Die Studie beruht auf einer Panelumfrage mit einer Stichprobe von 1500 Respondent:innen, die die soziodemographische Struktur der österreichischen Bevölkerung repräsentativ abbildet.
4   Gespräch mit Günther Ogris, 8. Februar 2022
5   Der Standard, 25. 12. 2021
6   KURIER, 27. Februar 2022, S. 21. Die Befragung (N = 802) wurde vom 22.–24. Februar 2022 durchgeführt. Interviews sind repräsentativ für alle Wahlberechtigten Wiener ab 16. Jahren.
7   Ebd.
8   Gespräch mit Günther Ogris, 8. Februar 2022
9   Gallup hat in seinem Onlinepanel zwischen 14. und 18. Dezember 1000 Personen befragt, die Umfrage ist damit repräsentativ für die webaktive Bevölkerung ab 16. Vgl. dazu: Die Presse, 29. 12. 2021
10  OTS, 13. November 2021
11  Trend, 26. 11. 2021, S. 24
12  Die repräsentative trend-Umfrage wurde vom market-Institut durchgeführt (1000 Befragte)
13  Standard-Online, 7. März 2022

14    Siehe dazu: KURIER, 25. April 2022
15    Siehe dazu KURIER, 24. April 2022: Der Gesetzesentwurf für
      transparente Parteifinanzen, der durch den ÖVP-Skandal in
      Vorarlberg zusätzliche Relevanz bekommt, wurde Ende April
      2022 von ÖVP und Grünen zur Begutachtung im National-
      ratsplenum eingebracht.
16    Süddeutsche Zeitung, 12./13. März 2022
17    OTS, 15. Jänner 2022
18    Ebd.
19    Zeillinger, Gerhard: „Wer sind hier die Nazis?" in: Der Stan-
      dard-Album, 5. Februar 2022, S. A1 f.
20    Gespräch mit Jakob-Moritz Eberl am 3. Februar 2022.
      Laut Homepage erkundet das Austria Corona Panel Project
      kontinuierlich, wie Stimmungslagen, Einstellungen, Verhal-
      tensweisen und Informiertheit der Bevölkerung verteilt sind
      und wie diese sich im Laufe der Corona-Krise sich entwickeln.
      Das Panel setzt sich aus Wissenschaftler:innen verschiedener
      Disziplinen und ausgewählten Kooperationspartner:innen
      zusammen. Folgende Fragen werden beantwortet: Wie se-
      hen Menschen die Bedrohungen auf gesundheitlicher und
      wirtschaftlicher Ebene? Wie stehen sie zu den getroffenen
      politischen Maßnahmen? Was denken sie von den demo-
      kratiepolitischen und kommunikativen Herausforderungen?
      Die Analyse der situationsspezifischen Wirkung von Krisen-
      kommunikation und Maßnahmen zur Krisenbewältigung
      soll dabei vier Grundaspekte erfassen: die Wahrnehmung,
      die empfundenen Auswirkungen und der Umgang mit sowie
      die Reaktion auf politische Maßnahmen zur Bewältigung der
      Krise.
      Die Panelumfrage basiert auf einer Stichprobe von 1500 Res-
      pondent:innen, die die soziodemographische Struktur der

österreichischen Bevölkerung repräsentativ abbildet. Panel-umfrage bedeutet, dass dieselben Personen wiederholt befragt werden, um auf diese Weise Veränderungen in einer Zeit rascher Umbrüche nachverfolgen zu können. Zwischen Ende März 2020 und Anfang Juli 2020 erfolgte die Erhebung in einem wöchentlichen Rhythmus, ab dann wurde das Intervall sukzessive angehoben und seit August 2020 werden die Daten monatlich erhoben. Der Fragebogen enthält einen Kern von Fragen, die derselben in jeder Befragungswelle vorgelegt werden, und wechselnde Module, die tiefer auf bestimmte Dimensionen eingehen und in größeren Abständen abgefragt werden. Damit können sowohl wichtige Trends genau nachverfolgt werden als auch Schwerpunkte auf wichtige Eckpunkte und Aspekte, wie Familie, Arbeit, Politik oder Medien, gesetzt werden. Die Studie wurde zunächst vom Wiener Wissenschafts- und Technologiefonds und dem Rektorat der Universität Wien finanziert. Eine Erhebungswelle erfolgte in Zusammenarbeit mit dem Sozialen Survey Österreich. Weitere Erhebungen konnten durch großzügige Unterstützungen der Arbeiterkammer Wien und der Industriellenvereinigung realisiert werden. Ab Oktober 2020 wird die Untersuchung im Rahmen der Akutförderung SARS-CoV-2 vom Wissenschaftsfonds FWF finanziert.

21 Gespräch mit Jakob-Moritz Eberl am 3. Februar 2022
22 Gespräch mit Bernhard Weidinger, 26. Jänner 2022
23 Ebd.
24 Gespräch mit Jakob-Moritz Eberl am 3. Februar 2022
25 Peham, Andreas: Feindbild und Welterklärung. Zur aktuellen Relevanz des Antisemitismus, in: Forschungen zum Nationalsozialismus und dessen Nachwirkungen in Österreich, S. 354
26 Gespräch mit Jakob-Moritz Eberl am 3. Februar 2022

27 Gespräch mit Bernhard Weidinger, 26. Jänner 2022

28 Zeillinger, Gerhard: „Wer sind hier die Nazis?", in: Der Standard-Album, 5. Februar 2022, S. A2

29 DÖW: https://www.doew.at/neues/corona-pandemie-und-ns-verharmlosung

30 Gespräch mit Bernhard Weidinger, 26. Jänner 2022

31 ORF.at, 17. Jänner 2022

32 Kronen Zeitung, 9. Februar 2022

33 Gespräch mit Jakob-Moritz Eberl, 3. Februar 2022

34 Der Standard, 2. Dezember 2021

35 DÖW-Homepage, Dezember 2021

36 DÖW-Homepage, „Von Corona- bis Asyl-Protest: Schulterschluss am rechte Rand, Dezember 2021

37 Gespräch mit Jakob-Moritz Eberl, 3. Februar 2022

38 Gespräch mit Bernhard Weidinger, 26. Jänner 2022

39 Vgl. dazu: Der Standard, 12. Februar 2022

40 Siehe dazu: ORF.at, 11. 02. 2022

41 Ebd.

42 „Wir wollen einen wie Putin", titelte bereits im Jahr 2015 die in Oberösterreich erscheinende Zeitschrift „Info Direkt".

43 Der Onlinesender auf1.at mit Sitz in Linz gehört zu den Sprachrohren der Corona-Leugner:innen und -Verharmloser:innen. Es gibt eine große Schnittmenge mit dem Rechtsaußen-Magazin „Wochenblick" und dem rechtsextremen „Info-Direkt". Vgl. dazu auch: Der Standard, 2. März 2022

44 Gespräch mit Bernhard Weidinger, 26. Jänner 2022

45 Ebd.

46 Ebd.

47 Zitiert nach: Der Standard-Watchblog, 2. Dezember 2021

48 APA, 13. Jänner 2022

49 Ebd.

50 Antwort des Innenministeriums auf eine parlamentarische Anfrage von SPÖ-Abgeordneter Sabine Schätz. Veröffentlicht am 4. März 2022

51 ORF.at vom 10. März 2022

52 Eurobarometer-Umfrage, veröffentlicht am 8. Februar 2022. Für die Umfrage wurden in Österreich im Zeitraum zwischen dem 2. November und 3. Dezember 2021 insgesamt 1005 Personen befragt, innerhalb der EU waren es 26.510 Personen. Die Umfrage wurde vom Europäischen Parlament in Auftrag gegeben.

53 Quelle: „Economist Intelligence Unit", Demokratie-Index, veröffentlicht am 10. Februar 2022. (https://www.eiu.com/n/campaigns/democracy-index-2021/)

54 Textteil des EIU-Berichtes: https://www.eiu.com/n/campaigns/democracy-index-2021

55 APA, 7. April 2022

56 SORA – Österreichischer Demokratie Monitor, 14. 12. 2021, S. 1

57 Die repräsentative Umfrage von SORA für den Österreichischen Demokratie Monitor fand zwischen dem 13. August und dem 5. Oktober 2021 statt. Befragt wurden 2003 Personen mittels Telefon- und Online-Interviews. Um die Aktualität abzubilden gab es einen zweiten Durchgang dieser Befragung vom 22. November bis 3. Dezember 2021

58 SORA-Presseaussendung, 14. 12. 2021

59 Ebd., S. 3

60 SORA, Österreichischer Demokratie Monitor 2021, S. 3 und 11

61 Ebd., S. 4 und S. 12

62 Zandonella, Martina: SORA, Pressetext, 14. 12. 2021, S. 4

63 SORA, Österreichischer Demokratie Monitor 2021, Wien, 14. 12. 2021, S. 5 und S. 13

64 Ebd., S. 4

65 Gespräch mit Bürgermeister Michael Ludwig am 6. April 2022 in seinem Büro im Wiener Rathaus

66 Ebd.

67 Die Forschungen von Univ.-Prof. Dr. Dr. h.c. Michael Wagner, Centre for Microbiology and Environmental Systems Science der Universität Wien trugen zur Entwicklung der Gurgeltests bei.

68 ZEIT-Online Österreich, Nr. 47/2021

69 Falter Nr. 51–52, 21–22. Dezember 2021, S. 1

70 Ebd., S. 13

71 https://www.rki.de/DE/Content/InfAZ/N/Neuartiges_Coronavirus/Virologische_Basisdaten.html

72 OTS-Meldung, 10. November 2021

73 Statistik: wien.gv.at

74 OTS-Meldung, 10. November 2021

75 Ebd.

76 Ebd.

77 APA-OTS, 25. Jänner 2022

78 Facebook vom 22. April 2022

79 Homepage des Bundeskanzleramtes, Executive Report der Kommission vom 18. Februar 2022

80 Die neue Eurobarometer-Umfrage ist nach der Zahl der Teilnehmer (37.103 Befragte) und der beteiligten Länder (38 Länder – EU-Mitgliedstaaten, EU-Erweiterungsländer, EFTA-Länder und Vereinigtes Königreich) die bislang größte Umfrage zu Wissenschaft und Technologie. Für die Umfrage wurden zwischen dem 13. April und dem 10. Mai 2021 in erster Linie persönliche Befragungen durchgeführt.

81 Vgl. dazu: EU-Kommission, Pressemitteilung vom 23. September 2021

82 Ebd.

83   Gespräch mit Jakob-Moritz Eberl, 3. Februar 2022

84   Der Standard, 10. November 2021

85   Ebd.

86   Magazin „wissenswert", 29. Dezember 2021

87   Ebd.

88   Ebd.

89   Lackner, Herbert/Zielinski, Christoph: Die Medizin und ihre Feinde. Wie Scharlatane und Verschwörungstheoretiker seit Jahrhunderten Wissenschaft bekämpfen, Carl Ueberreuter Verlag, Wien 2022

90   Austrian Corona Panel Project (ACPP): Wissenschaftsbezogener Populismus: Eine österreichische Bestandsaufnahme, Blog 124. Vgl. dazu: Der Standard, 21. Juni 2021

91   Gespräch mit Jakob-Moritz Eberl am 3. Februar 2022

92   Eberl, J.-M., Huber, R. A., & Greussing, E. (2021). From populism to the "plandemic": why populists believe in Covid-19 conspiracies. Journal of Elections, Public Opinion and Parties, 31(sup1), 272–284

93   Gespräch mit Peter Klimek am 16. März 2022

94   Nölleke, D., Hanusch, F., Leonhardt, B. (2022). Wissenschaftskommunikation in der Covid-19-Pandemie: Einblicke und Erfahrungen österreichischer Expertinnen und Experten. Universität Wien, Institut für Publizistik- und Kommunikationswissenschaft, veröffentlicht am 22. März 2022

95   Hertha Firnbergs Amtszeit unter der Regierung Kreisky dauerte von 1970 bis 1983. Zu ihrem 100. Geburtstag im Jahr 2009 wurde Firnberg von der Wiener Tageszeitung Die Presse als „Primadonna assoluta in Kreiskys Team" bezeichnet. Vgl. dazu: Die Presse, 12. September 2009

96   Zitiert nach: Der Standard, 11. November 2021

97   ZiB2, ORF, 11. November 2021

98    Gespräch mit Peter Klimek am 16. März 2021

99    Gespräch mit Erich Neuwirth am 3. Mai 2022 in Bad Vöslau

100   Primaria, Universitätsprofessorin, DDr. MMag. Barbara
      Maier wollte zunächst Lehrerin werden und absolvierte das
      Lehramtsstudium Geschichte und Theologie. 1981 promovier-
      te sie zur Historikerin. Noch im selben Jahr begann sie ihr
      Medizinstudium, das sie während ihrer Tätigkeit als Lehrerin
      absolvierte und 1986 abschloss. Sie ist Mitglied zahlreicher
      hochrangiger Gremien.

101   Gespräch mit Barbara Maier am 15. März 2022

102   Vgl. dazu: Precht, Richard David: Von der Pflicht. Eine Be-
      trachtung. Wilhelm Goldmann Verlag, 3. Aufl., München 2021

103   Kastner, Heidi: Dummheit, Verlag Kremayr & Scheriau, Wien
      2021

104   Insgesamt gab es in Wien Anfang 2022 mehr als 16.000 statio-
      näre Behandlungen, davon in der Klinik Floridsdorf 2000.

105   Gespräch mit Arschang Valipour am 21. April 2022 in der
      Klinik Floridsdorf. Primarius, Privat-Dozent, Dr. Arschang
      Valipour ist Facharzt für Innere Medizin, Pneumologie, und
      Intensivmedizin. Er ist Vorstand der Abteilung für Innere Me-
      dizin und Pneumologie an der Klinik Floridsdorf. Arschang
      Valipour ist wissenschaftlich am Karl-Landsteiner-Institut für
      Lungenforschung und Pneumologische Onkologie tätig.

106   Pressemitteilung der Statistik Austria, 28. April 2022

107   Gespräch mit Norman Wagner am 3. Mai 2022

108   A&W-Blog von Norman Wagner, 2. Juli 2021

109   Caritas-Presseaussendung vom 28. April 2022

110   Volkshilfe-Presseaussendung vom 28. April 2022

111   Presseaussendung Momentum Institut, 28. April 2022

112   Schenk, Martin: „Von unten gesehen". Erhebung zur sozialen
      Lage aus Sicht von Armutsbetroffenen, Wien 2021. Martin

Schenk ist Sozialexperte sowie stellvertretender Direktor der Diakonie Österreich und Mitbegründer der Armutskonferenz. Die Armutskonferenz wurde 1995 gegründet und ist ein Netzwerk von mehr als 40 sozialen Organisationen, sowie Bildungs- und Forschungseinrichtungen.

113  APA, 8. Oktober 2021

114  „Offensive Gesundheit", Pressekonferenz, 20. Oktober 2021. An der Präsentation der Umfrage nahmen folgende Personen teil: Gerald Gingold, Vizepräsident und Obmann der Kurie angestellte Ärzte der Ärztekammer für Wien; Silvia Rosoli, Leiterin der Abteilung Gesundheitsberufe und Pflegepolitik der Arbeiterkammer; Reinhard Waldhör, Vorsitzender der GÖD-Gesundheitsgewerkschaft; Gerald Mjka, Stellvertretender Vorsitzender der Gewerkschaft vida, Fachbereich Gesundheit.

An der Umfrage nahmen österreichweit 6969 Personen aus dem Bereich Gesundheitsberufe, Administration, Service sowie Technik im Gesundheits- und Sozialwesen teil. Die Umfrage wurde vom 14. Juni bis 16. August 2021 durchgeführt.

115  „Offensive Gesundheit", schriftliche Unterlage der Pressekonferenz vom 20. 10. 2021

116  Ebd.

117  Ebd.

118  Zahlen EU-Kommission

119  EU-Kommission: Green Paper

120  Gespräch mit Bildungsdirektor Heinrich Himmer am 28. April 2022

121  Das zeigt die AK Nachhilfebefragung 2021 im Rahmen der Schulkostenstudie, für die über 1000 Eltern mit rund 1700 Schulkindern befragt wurden. AK-Presseinformation vom 28. Mai 2021

122  Otto Glöckel (geb. 8. Februar 1874, gest. 23. Juli 1935) war ein bekannter sozialdemokratischer Politiker und Schulreformer der Ersten Republik in Österreich. Als Initiator der Reformpädagogik der Zwischenkriegszeit – der Wiener Schulreform – war Glöckel ein Verfechter der Gesamtschule und Gegner von Bildungsprivilegien sowie Kämpfer gegen die kirchliche Vormachtstellung in den öffentlichen Schulen. Sein Ziel war unter anderem die Demokratisierung der Schule durch organisatorische und inhaltliche Mitbestimmung der Lehrer, Eltern und Schüler und eine Abkehr von der reinen Lernschule, dem „Drill-Unterricht". Als Unterrichtsminister (1918–1920) ermöglichte er in einem Erlass vom 22. April 1919 Frauen den freien Zugang zu den Universitäten.

123  Gespräch mit Judith Kohlenberger am 27. Jänner 2022

124  Gespräch mit dem Präsidenten der Wiener Wirtschaftskammer, Diplom-Ingenieur

125  Wirtschaftsforschungsinstitut (WIFO): Zahlen Wirtschaftsentwicklung 2020 und 2021 sowie Wirtschaftskammer Wien

126  KURIER, 15. April 2022, S. 18

127  Ebd.

128  Gespräch mit Norbert Kettner am 8. April 2022

129  Zahlen von STATcube, Statistische Datenbank von Statistik Austria, Bilanz Tourismusjahr 2019, Unterlage von Wien Tourismus

130  Ebd.

131  Press-Service, Rathauskorrespondenz, 24. Jänner 2022

132  PID Presse- und Informationsdienst der Stadt Wien, 18. Jänner 2022

133  Zahlen von Wien Tourismus. Bilanz Tourismusjahr 2019

134  Die EU-Staaten verhandelten beim EU-Gipfel im Juni 2020 über den Vorschlag für ein 750 Milliarden schweres Pro-

gramm zum wirtschaftlichen Wiederaufbau. Davon sollen 500 Milliarden Euro als Zuschüsse an Krisenstaaten fließen, darunter das besonders von der Pandemie gebeutelte Italien. Bedenken haben vor allem die sogenannten „Sparsamen Vier", Österreich, Schweden, Dänemark und die Niederlande.

135  Spiegel online, 17. Juni 2020
136  Ebd.

www.kremayr-scheriau.at

ISBN 978-3-218-01359-8
Copyright © 2022 by Verlag Kremayr & Scheriau GmbH & Co. KG,
Wien
Alle Rechte vorbehalten
Schutzumschlaggestaltung, typografische Gestaltung und Satz:
Sophie Gudenus
Lektorat: Stefanie Jaksch
Druck und Bindung: Druckerei Florjančič tisk d.o.o., Maribor